냉수한그릇

별도의 표기가 없는 성경구절은 개역개정 성경을 인용한 것입니다.

냉수 한 그릇

누구도 시원하게 답해 주지 못한
질문에 답하다

김혁 지음

아가페

Prologue
프롤로그

　나는 한국 교회를 사랑하는 대한예수교장로회 통합 교단 소속 목사다. 2006년 교육전도사를 시작으로 9년을 청년들과 함께 호흡했다. 교회 사역만 9년, 대학교 선교단체 사역을 포함하면 10년을 청년 사역에 몸담아 왔다. 이후 5년은 교구 사역으로 장년들과 함께 하나님나라를 꿈꾸었다.

　수많은 질문을 받았다. 이메일과 전화로 받은 질문도 상당하다. 어떤 질문은 당장 대답하기 곤란할 정도로 예리했다. 그래서 나중에 답을 주기도 했다. 그러나 대부분 명쾌한 답을 주었고, 성도들은 가려운 곳을 시원하게 해결한 듯 만족한 표정으로 돌아갔다. 사실 아니었을지도 모르지만 말이다.

　이 책은, 지금까지 사역하면서 받은 청장년 성도들의 여러 질문에 대한 내 개인적인 신학을 옮겨 놓은 것이다. 질문은 중요하다. 질문에는 그 사람의 신학과 가치관이 담겨 있기 때문이다. 그래서 나는 그들의 질문에 귀를 기울인다. 안타깝게도 나는 청년과 장년의 질문에서 한국 교회의 잘못된 가르침을 보게 되었다. 어쩌면 이것은 내 교만이다. 잘못된 가르침이라고 생각하는 것에 내 판단이 들어 있기 때문이다. 그래서 누군가는 한국 교회를 향해 쓴소리하는 젊은 목회자를, "당신이 한국 교회를 위해 한 게 뭐가 있다고 비판하는가?"라며 비난할 수 있다. 맞을 수도 있다. 그러나 틀렸다.

우리의 무의식 속에는 교회를 양적으로 성장시킨 목사나 탁월한 설교자 혹은 은퇴를 앞둔 목사만 큰일을 감당한 훌륭한 목회자로 생각하는 경향이 있다. 담임목사만 목사라고 생각하는 성도도 있다. 부목사가 열 번을 심방해도 담임목사가 한 번 심방한 것에 못 미친다나 어쩐다나. 그래서 이름 없이 빛도 없이 목회하고 있는 제야의 고수들을 놓칠 때가 많다. 물론 내가 그렇다는 건 아니다. 아니 맞는다고 해야 하나. 그건 독자들이 이 책을 읽은 후 판단할 몫이다.

어쨌든 15년 이상을 협력간사, 전도사, 목사로 사역하면서 청년과 성도를 위해 눈물로 기도하고, 말씀을 전하고, 심방하고, 상담해 준 것을 한국 교회를 위해 한 일이 아니라고 한다면 무척 서운하다. 그들은 인정하지 않을지라도 하나님은 내 헌신과 열정을 아실 것이다. 그거면 족하다.

　한국 교회는 기복적이고 샤머니즘적인 신앙과 신학이 만연해 있다. 잘못된 가르침 때문이다. 그 가르침의 출처는 목회자나 교사 혹은 구역장일 수도 있고, 자신을 처음으로 전도한 교회의 집사나 권사 혹은 장로일 수도 있다. 또 우리의 부모나 할아버지 할머니일 수도 있다. 심지어 이 글을 읽고 있는 당신일 수도 있다. 나는 이것이 매우 심각한 문제라고 생각한다. 특히 이러한 현상은 일부 모태신앙의 그리스도인에게서 쉽게 발견된다. 모태신앙에는 태생적인 한계가 존재한다. 모태신앙이 아닌 내가 볼 때 그러했다.

　모태신앙의 장점은 매우 많다. 특히 몇 대째 이어온 신앙이라면 더욱 그러하다. 그러나 단점 역시 존재하기 마련이다. 어려서부터 아무런 의심 없이 들어왔던 것 중에, 사실 잘못된 것이 상당히 많을 수 있다. 그저 부모와 이전 세대에게서 늘 들어온 것이기에 아무런 신학적인 검증을 거치지 않았다. 그리고 마치 그것이 진리인 것처럼 줄곧 믿어 왔고, 또 그렇게 주변 사람들을 가르쳤다. 그걸 배운 사람들은 또 다른 사람을 그렇게 가르쳤다.

　그 결과 기복적이고 미신적이며 비신학적인 생각들이 마치 진리인 것처럼 둔갑해 성도들의 의식 속에 자리 잡았다. 그런 가르침을 받은 사람이 목회자가 되고, 또 구역장과 교회학교 교사가 되어 성도와 학생을 가르친다면 그 파급효과는 상당하다. 잘못된 가르침의 악순환이다.

이런 모태신앙의 한계에도 불구하고, 우리는 여전히 신앙의 대수를 중요하게 생각한다. 최소 3대나 4대 이상의 신앙을 이어받으면, 마치 그 사람의 신앙이 훌륭한 것으로 생각하는 신학적 편견이 여전히 존재한다.

이 모든 것은 올바르고 건전한 신학의 부재 때문이다. 대안은 반대로 하면 된다. 올바른 가르침을 전하는 것이다. 미안하지만 일부를 제외한 기성세대에게서 소망을 발견하기는 쉽지 않다. 사고는 쉽게 변하지 않기 때문이다. 그러나 교회학교와 청년은 가능하다. 또 젊은 장년 세대들에게는 가르침이 통한다. 다음세대를 향한 올바른 신학의 전수만이 한국 교회를 미신과 기복주의 신앙에서 구하는 열쇠다.

바른 목소리를 내야 한다. 그러나 1년마다 '부목사 계속청원'을 받아야 하는 계약직과도 같은 부목사로는 한계가 있다. 이상한 소리로 성도를 미혹한다는 말이 당회에 들어가면 그날로 사택을 비워야 할지도 모른다. 실제로 개혁적인 목사라는 말도 들었다. 재미있다. 잘못을 지적하고 바른말을 하면 개혁적이라니.

촛불 한 개는 약하나 모이면 횃불이 된다고 믿는다. 이 책은 그저 촛불 하나에 불과하다. 그러나 나와 같은 생각을 지닌 이들이 촛불을 하나씩 들고 목소리를 내면 그 소리는 횃불이 된다. 이것이 내가 이 책을 쓴 이유다.

그날에 하나님께 여쭤보기 전까지 정답은 없다. 아니 정답은 있는데 알 수 없다는 것이 정확하겠다. 여기 기록된 내 대답 역시 하나의 의견일 뿐 정답일 수 없다. 그러나 확신하건대, 이 책처럼 쉽고 재미있고 논리적으로 답을 제시하는 것도 찾기 어려울 것이다.

원래 계획은 다양한 모든 질문에 일일이 내 대답을 싣는 거였다. 차례만 보더라도 평소 궁금하던 것을 찾을 수 있도록 말이다. 그런데 글을 쓰다 보니, 질문은 다르나 같은 대답이 대다수였다. 진리는 모든 것을 포괄하기 때문이다.

각 장의 질문은 예시일 뿐이다. 이 질문과 동일한 범주의 궁금증은 해당 질문의 답변으로 해결될 것이다. 차례를 통해 궁금했던 것부터 찾아 읽어도 무방하다. 그러나 가능하면 처음부터 읽기를 권한다. 각 장의 내용은 앞장과 연결된다. 페이지를 넘길 때마다 사고가 확장되며, 빠져있던 호기심의 퍼즐이 한 조각씩 맞춰질 것이다.

평소 궁금했지만 마땅히 질문할 대상이 없었고, 심지어 용기 내어 물어도 시원한 답을 들을 수 없었던, 그래서 서적을 뒤적여 보지만 호기심에 꼭 맞는 질문과 그에 관한 답변을 기록한 책을 찾아보기 힘들어 목마른 자에게, 이 책이 사막의 오아시스까지는 아니어도 무더운 여름 날 냉수 한 그릇 정도는 되면 좋겠다.

"우리 주 예수 그리스도의 하나님,
영광의 아버지께서 지혜와 계시의 영을 너희에게 주사
하나님을 알게 하시고"

_ 엡 1:17

Contents

프롤로그   005

Part 1
우리의 자유의지를 존중하시는 하나님

01 하나님이 자유의지를 주셨다   019
02 하나님 뜻대로 될 거면 취업 준비는?   022
03 하나님이 지켜주시는데 문단속은?   029
04 기도하면 다 된다는데   038
05 기도가 쌓이는 특별한 장소가 있다고?   045
06 응답받는 기도의 비결이라   055

Part 2
만남의 복, 제대로 알자

01 만남, 은혜와 지혜가 필요하다   069
02 배우자 기도, 뭐 좀 알고 하자   077
03 배우자 기도는 곧 나를 바꾸는 기도   088

Part 3
자주 걸려 넘어지는 미신과 율법

01 미신은 '혹시', 율법은 '찝찝함'   107
02 신앙생활과 신학의 관계   117
03 신앙생활 잘하면 복 받는다   126
04 주를 위해 헌신하면 다 책임져주시지요?   134
05 성경의 치유, 왜 현실에는 없을까?   141
06 점 보러 다니는 그리스도인   147

Part 4
회심한 그리스도인

01 구원이 뭐길래   159

02 보이지 않는 하나님을 믿으라고?   170

03 믿음이 뭐길래   178

04 나는 회심한 건가?   185

05 구원이 영원하다고?   193

06 구원의 확신이 없는 이유   200

07 죄짓지 않으려면   210

Part 5
세상을 사는 그리스도인

- 01 사람이 아닌 하나님을 보라고? · 221
- 02 배우자가 반대하는 십일조, 꼭 드려야 하나? · 229
- 03 다른 사람은 잘나가는데 내 삶은 왜 이럴까? · 236
- 04 비전을 찾으려면 · 245
- 05 하나님의 뜻, 어떻게 알까? · 254
- 06 나 같은 사람도 쓰실까? · 262

에필로그 · 271

부록 _ 기독교 용어 바로 쓰기 · 276

누구도 시원하게 답해 주지 못한
질문에 답하다

Part 1
우리의 자유의지를 존중하시는 하나님

01
하나님이
자유의지를 주셨다

우리를 존중하시는 하나님

하나님께서 전능하신 능력으로 바로에게 열 가지 재앙을 내리신다. 엄청난 홍해를 기적적으로 가르시고, 만나와 메추라기로 백성을 먹이신다. 밤에는 불기둥으로, 낮에는 구름기둥으로 백성을 보호하신다. 때로는 반석에서 물이 나오게도 하시고, 엘림에서 물을 제공하기도 하신다.

그런데 피조물인 인간에게서 사랑과 신실함 하나 강제로 얻지 못하신다. 아니 그렇게 하지 않으신다. 끊임없이 반역하는 백성을 보면서 마음 아프셨을 것이다. '이것들 강제로라도 내 말 좀 듣게 할까?' 생각하셨을지도 모른다. 그러나 우리가 스스로 마음을 돌이켜 하나님을 사랑하게 될 때까지 기다리신다. 어쩌면 전능하기를 포기하신 연약한 하나님인 것처럼 보이기도 한다.

놀랍고도 위대한 권한, 자유의지

> 여호와 하나님이 그 사람에게 명하여 이르시되 동산 각종 나무 열매는 네가 임의로 먹되 선악을 알게 하는 나무의 열매는 먹지 말라 네가 먹는 날에는 반드시 죽으리라 하시니라 _ 창 2:16-17

하나님의 사랑은 이 선악과에 고스란히 담겨 있다. 선악을 알게 하는 나무의 열매를 먹지 말라고 하신 건, 인간을 향한 하나님의 첫 금지명령이다. 동산 안에 있는 모든 나무의 열매는 먹어도, 선악과만은 먹지 말라고 하셨다. 참 이해되지 않는다. 먹지 말라고 할 거면 처음부터 동산에 두지 않으셨으면 됐다. 그것도 동산 중앙에 두시고는 먹지 말라니, 저렇게 잘 보이는데.

> 여호와 하나님이 그 땅에서 보기에 아름답고 먹기에 좋은 나무가 나게 하시니 동산 가운데에는 생명 나무와 선악을 알게 하는 나무도 있더라 _ 창 2:9

'명령'의 사전적 정의는 '윗사람이나 상위 조직이 아랫사람이나 하위 조직에게 무엇을 하게 하는 것'이다. 즉, 윗사람이 아랫사람에게 내리는 지시다. 아랫사람이 윗사람에게 하는 건 '부탁'이라고 하지 명령이라고 하지 않는다. 하나님의 금지명령에서, 하나님과 인간 사이의 서열을 명확히 이해하게 된다. 하나님은 창조주시고 인간은 피조물이라는 사실이다. 그러나 이 금지명령에서 또 다른 중요한 것을 발견하게 된다. 바로 '자유의지'라는 속성이다.

세상의 그 어떤 것도 하나님의 명령을 거스르는 것은 없다. 사탄 역시 하나님의 허락 없이는 우리 인간을 함부로 할 수 없다. 그런데 유독 인간만이 하나님의 명령에 감히 불순종할 수 있는 존재로 지어졌다. 이처럼 하나님의 명령에 순종할 수도, 불순종할 수도 있는 것을 가리켜 '자유의지'라고 한다.

하나님의 첫 명령에 대해 두 가지 선택권이 주어진다. 먹든지 먹지 않든지. 애초에 먹지 말라는 명령 자체가 없었다면, 먹든 말든 아무 문제 될 것이 없다. 그러나 이제 먹으면 불순종이 된다. 선악과가 없었다면 하나님의 명령에 순종하거나 불순종할 자유 자체가 주어지지 않았을 것이다. 인간에게는 하나님 말씀에 순종할 수도, 반대로 불순종할 수도 있는 자유의지가 주어졌다. 놀랍고도 위대한 권한이 주어진 것이다. 하나님은 우리의 자유의지를 존중하신다.

02
하나님 뜻대로 될 거면 취업 준비는?

종교적 방어기제는 신앙성숙을 방해한다

많은 그리스도인이 '섭리'라는 용어를 자주 오해한다. 우리 인생에서 일어나는 일이 모두 하나님의 뜻대로 된 것, 즉 하나님의 사전계획이었다고 믿는다. 지금 내 고통이나 고난도 하나님의 뜻이고, 지금 누리고 있는 복 역시 하나님의 섭리라는 것이다. 하나님의 뜻이면 내가 원하는 회사에 들어갈 것이나, 하나님의 뜻이 아니라면 열심히 해도 들어갈 수 없다고 생각한다. 그러니 이런 이들에게 취업 준비는 의미가 없다.

집에 도둑이 들었다. '주님의 뜻이 있겠지' 생각한다. 건널목을 건너다 사고가 났다. '하나님의 섭리가 있겠지' 생각한다. 아니다.

도둑이 든 것은 문단속을 제대로 하지 않았기 때문이고, 사고가 난 것은 무단횡단했기 때문이다.

내가 잘못하고 실수한 것을 하나님 탓하면 안 된다. 하나님도 억울하시다. '자기가 잘못해 놓고 내 뜻이라고 하네' 생각하신다. 하나님이 일부러 세월호를 침몰시키신 게 아니다. 하나님이 일부러 코로나19 바이러스를 퍼뜨리신 게 아니다. 인생에서 겪는 고난 대부분은 우리의 실수와 죄로 인한 것이다. 이것을 인정해야 한다. 그럴 때 회개할 수 있고, 신앙이 성숙해질 수 있다. 남 탓하거나 특히 '주님의 뜻'이라며 하나님께 책임을 전가하는 사람은, 겉으로 볼 때는 신실해 보일지 모르나 사실상 믿음이 없는 사람이다. 일종의 '종교적 방어기제'다.

주님의 뜻으로 넘겨버리면 언젠가 하나님께서 해결해 주실 것 같은 느낌이 들 수 있다. 이런 긍정적인 느낌을 믿음으로 착각한다. 말 그대로 착각이다. 자기 스스로 문제를 해결할 수 없기에 하나님 섭리 운운하며 책임을 전가한다. 심리적 방어기제를 신앙으로 끌고 들어올수록 심리적 위안을 얻을지는 모르지만, 하나님을 아는 지식은 얻을 수 없다.

정해진 운명은 없다

> 저물 때에 예수께서 열두 제자와 함께 앉으셨더니 그들이 먹을 때에 이르시되 내가 진실로 너희에게 이르노니 너희 중의 한 사람이 나를 팔리라 하시니 그들이 몹시 근심하여 각각 여짜오되 주여 나는 아니지요 대답하여 이르시되 나와 함께 그릇에 손을 넣는 그가 나를 팔리라 인자는 자기에 대하여 기록된 대로 가거니와 인자를 파는 그 사람에게는 화가 있으리로다 그 사람은 차라리 태어나지 아니하였더라면 제게 좋을 뻔하였느니라 예수를 파는 유다가 대답하여 이르되 랍비여 나는 아니지요 대답하시되 네가 말하였도다 하시니라 _마 26:20-25

예수님이 제자들과 마지막 만찬을 하며 하시는 말씀이 의미심장하다. "너희 중의 한 사람이 나를 팔리라"(마 26:21). 그러자 제자들이 각각 "주여 나는 아니지요?" 하고 묻는다. 가룟 유다 역시 뻔뻔스럽게 "주여 나는 아니지요?" 물었을지 모른다.

이에 예수님이 두 번째로 언급하신다. "나와 함께 그릇에 손을 넣는 그가 나를 팔리라"(마 26:23). 이번에는 좀 더 구체적으로 말씀하신다. "너희 중의 한 사람"에서 이제는 "나와 함께 그릇에 손을 넣는 그"로 좁혀진다. 이쯤 되면 유다가 눈치를 채야 한다. 지금이라도 회개해야 한다. 그런데 정신을 못 차린다. 오히려 반문한다. "랍비여 나는 아니지요?" 얼굴이 철판이 아닌 다이아몬드로 도배되어 있다.

안 되겠다 싶었는지 예수님이 회심의 한 방을 날리신다. "네가 말하였도다." 유다 바로 네가 나를 팔 사람이라는 말씀이다. 한 번도 두 번도 아닌 세 번씩이나 사인(sign)을 주셨다. 회개의 기회를 주신 것이다. 예수님은 유다가 악의 길에서 돌이키기 원하셨다. 인자 예수는 자기에 대하여 기록된 대로 가신다고 말씀하셨다. 그러나 인자를 판 그 사람 유다에게는 화가 있을 것이다. 그러니 차라리 태어나지 않았더라면 좋을 뻔했다는 예수님의 말씀은 진심이다.

여기까지는 문제가 전혀 없어 보인다. 그런데 소위 신실하다는 그리스도인, 구체적으로 섭리를 하나님의 사전계획이라고 믿는 사람들은 예수님의 행동이 당황스럽다. 왜? 하나님의 섭리대로 예수님이 유다에게 팔려야 하는데 유다에게 사인을 주시니 말이다. 이거 잘못하다간 유다가 깨닫고 회개하게 생긴 거 아닌가? 유다가 회개하면 예수님을 팔아넘기지 않을 것이고, 그러면 예수님은 십자가에 달려 돌아가시지 않을 것이며, 나아가 인류의 구원도 없을 것이니 말이다. 머리가 복잡해지기 시작한다. 예수님이 가룟 유다에 의해 팔리는 것이 하나님의 섭리라면, 예수님이 유다에게 사인을 주시면 안 된다.

　섭리는 그런 게 아니다. 하나님께서 각 사람의 출생 및 죽음의 시기와 방법을 일일이 다 정해 놓으신 게 아니다. 내가 들어가야 할 직장을 정해 놓으시고, 내가 결혼해야 할 배우자를 예정해 놓으셨으며, 내가 걸려야 할 질병을 계획해 놓으시고, 내가 망해야 할 사업을 사전기획하신 뒤 시나리오대로 인생이 흘러가게 하시는 게 아니란 말이다. 심지어 몇 날 몇 시에 어떻게 죽을지를 미리 프로그램해 놓으신 것도 아니다. 그러니 사명이 있으면 죽지 않는다는 말은 틀린 말이다.

　그리스도인도 운(?)이 나쁘면 죽는다. 자기의 실수와 잘못으로 죽을 수도 있지만, 상대의 실수와 잘못으로 죽을 수도 있다. 아무리 두 눈 크게 뜨고 운전해도, 음주운전으로 내게 달려오는 차를 피하지 못하면 바로 천국에 가야 한다. 늘 신중하고 조심해야 할 책임이 우리에게 있다.

　하나님은 지극히 인격적인 분이어서 우리의 선택과 결정을 존중하신다. 이 말은 선택과 결정에 대한 책임도 우리가 져야 한다는 것이다. 현재의 모습은 과거의 여러 선택과 결정이 만들어낸 결과물이다. 하나님의 사전계획과 예정으로 된 것이 아니다. 식중독에 걸린 건 상한 음식을 먹은 내 탓이지, 하나님이 일부러 멀쩡한 음식 두고 상한 음식을 먹도록 유도하신 게 아니다.

하나님이 다 정해 놓으셨으면 전도할 필요도 없다. 주님의 뜻이면 전도하지 않아도 구원받을 것이고, 주님의 뜻이 아니면 아무리 기도하고 노력해도 구원받지 못할 테니 말이다. 공부할 필요도 없다. 서울대 들어가도록 예정해 놓으셨으니 말이다. 대충 살아도 된다. 어차피 될 놈은 될 것이고, 안 될 놈은 안 될 것이니. 그런데 정말 그런가? 아니다. 섭리는 그런 게 아니다.

해는 그리스도인과 비그리스도인을 모두 비춘다

우리가 너희와 함께 있을 때에도 너희에게 명하기를 누구든지 일하기 싫어하거든 먹지도 말게 하라 하였더니 _ 살후 3:10

사도 바울은 데살로니가교회를 향해 누구든지 일하기 싫어하거든 먹지도 말게 하라고 강한 어조로 명령한다. 먹으려면 일하라는 것이다. 의식주에서 '식'(食)을 해결하려면 땀 흘리는 노동이 필요하다. 의식주가 중요하다고 해서, 하나님이 아무런 노력 없는 자에게 거저 주시지는 않는다.

이것을 취업에 적용해 보자. 모든 게 하나님 뜻이라면 취업을 준비하지 않아도 되느냐는 질문은 그 자체가 오류다. '하나님 뜻'

의 정의를 오해했기 때문이다. 오히려 잘 준비하면 취업하고, 노력하지 않으면 취업하지 못할 가능성이 크다. 표현에 유념하라. 가능성의 문제다. 잘 준비해도 면접에 떨어질 수 있고, 대충해도 들어갈 수 있다. 그러나 노력할수록 가능성은 커진다. 지금 자기에게 주어진 일에 최선을 다하는 것이 주님의 뜻이다. 학생이면 공부를, 직장인이면 일을, 마찬가지로 취업준비생이면 최선을 다해서 준비하는 것이 마땅하다.

합격과 불합격은 예정된 게 아니다. 하나님은 최선을 다하는 비그리스도인을 무시한 채, 노력하지 않는 그리스도인에게 단지 그리스도인이라는 이유로 특혜를 주시지 않는다. 모두 하나님의 사랑받는 자녀다. 구원받은 자녀와 구원받지 못한 자녀일 뿐이다. 하나님은 선인이나 악인에게 차별 없이 해를 비추신다.

> 이같이 한즉 하늘에 계신 너희 아버지의 아들이 되리니 이는 하나님이 그 해를 악인과 선인에게 비추시며 비를 의로운 자와 불의한 자에게 내려주심이라 _마 5:45

03
하나님이
지켜주시는데
문단속은?

하나님은 상식을 무시하지 않으신다

지난 2002년, 중증급성호흡기증후군인 사스(SARS)에 전 세계 8천여 명이 감염되고 7백여 명이 목숨을 잃었다. 그러나 우리나라에서는 감염자가 세 명밖에 나오지 않았다. 이를 두고 각종 매체나 일부 학자들은 그 이유를 김치에서 찾았다. 김치가 한국인의 면역력을 키웠다는 것이다. 그럴듯해 보인다. 그러나 비슷한 시기 김치를 먹지 않는 일본에서도 감염자는 거의 없었다. 즉, 김치와 사스는 별 관계가 없었던 셈이다.

그런데도 여전히 그렇게 생각하는 한국 사람들이 있었다. 이런 한국인들의 잘못된 생각을 비판하는 한 외국인 기자가 말했다.

"Eat Kimchi. But wash your hands with soap."(김치를 먹어라. 그러나 비누로 손은 씻어라.)

설교에 집중하지 못하는 성도에게 "하나님께서 예배드리는 사람의 집은 다 지켜주시니 가스 불 안 끄고 온 거에 신경 쓰지 말고 예배에나 집중하시오!"라고 말하는 목사님도 보았다. 자신의 설교가 지루하다고는 생각하지 못한다. 속으로 생각했다. '예배당에 소화기는 왜 뒀대? 하나님이 화재 안 나도록 지켜주실 텐데….' 가스 불 안 끄고 왔다면 십중팔구 화재로 연결된다. 예배 중에라도 생각났다면 집으로 달려가든 전화하든 해야 한다. 생각나게 해주신 게 은혜다. 상식을 무시한 채 믿음만 강조하는 건 바람직한 태도가 아니다.

일부 미혼 청년들이 기도원에서 일주일을 금식하며 기도한다. "주여, 어찌하여 이러시나이까? 제게 배우자를 주시옵소서!" 이후 기름 번지르르한 얼굴로 교회에 나와, 평소 마음에 두었던 이성에게 접근한다. "하나님께서 자매님을 제 배우사도 허락했다고 믿음 하셨습니다." 그 말을 들은 자매의 얼굴이 새빨개지더니 도망간다. 그리고 다시는 교회에서 볼 수 없었다는 슬픈 소식이 전해져 온다.

아무리 기도해도 상대가 꼬이지 않는다. 그러나 평소 기도도 하지 않던 저 바람둥이 친구는 이성에게 접근만 하면 기막히게 상대의 마음을 사로잡는다. 분명 보이지 않는 곳에서 금식하고 슬피 울며 기도하는 친구일 거라고 확신한 뒤, 몰래 친구의 방에 들어가 보았다. 책상 책꽂이에는 '30일 만에 그녀를 내 여자로 만드는 법' '특급 공개! 이성에게 매력 어필하는 법' '너만 하냐? 나도 이성교제 할 수 있다' 같은 관련 서적이 백여 권은 꽂혀 있었다. 그때 깨닫는다. '아! 기도한다고 아이유가 내게 오는 건 아니구나.'

사명 위에 은혜가 덧입혀진다

수능 때가 되면 교회에서 흔히 볼 수 있는 프로그램이 있다. 수능기도회다. 자녀를 위한 부모의 기도는 아름답다. 기도의 열기는 예배당 안을 매섭게 달군다. 자녀가 희망하는 대학의 합격을 위해 열정적으로 소리 지르며 기도한다. 그러나 냉정하게 말하면 그렇게 고래고래 소리 지른다고 합격하는 건 아니다. 합격은 남들보다 문제를 많이 맞힌 자에게 돌아간다.

하나님은 선인과 악인 모두에게 해를 비추신다. 신앙이 있다고 합격하는 것도 아니고, 신앙이 없다고 불합격하는 것도 아니다. 수능 전날 밤새도록 기도한 그리스도인 학생보다 오답 노트를 정리한 비그리스도인 학생이 합격할 확률이 높다.

왕이 이르되 왕후 에스더여 그대의 소원이 무엇이며 요구가 무엇이냐 나라의 절반이라도 그대에게 주겠노라 하니 에스더가 이르되 오늘 내가 왕을 위하여 잔치를 베풀었사오니 왕이 좋게 여기시거든 하만과 함께 오소서 하니 왕이 이르되 에스더가 말한 대로 하도록 하만을 급히 부르라 하고 이에 왕이 하만과 함께 에스더가 베푼 잔치에 가니라 잔치의 술을 마실 때에 왕이 에스더에게 이르되 그대의 소청이 무엇이뇨 곧 허락하겠노라 그대의 요구가 무엇이뇨 나라의 절반이라 할지라도 시행하겠노라 하니 에스더가 대답하여 이르되 나의 소청, 나의 요구가 이러하니이다 내가 만일 왕의 목전에서 은혜를 입었고 왕이 내 소청을 허락하시며 내 요구를 시행하시기를 좋게 여기시면 내가 왕과 하만을 위하여 베푸는 잔치에 또 오소서 내일은 왕의 말씀대로 하리이다 하니라 _ 에 5:3-8

에스더 여왕과 유대 사람들은 모두 3일간 금식한다. 그리고 에스더는 '죽으면 죽으리라'는 각오로 아하수에로 왕 앞에 나아간다. 에스더에게 푹 빠진 왕이 묻는다. "그대의 소원이 무엇이며 요구가 무엇이냐 나라의 절반이라도 그대에게 주겠노라"(에 5:3).

에스더는 그 말을 덥석 물지 않는다. 오히려 다시 요청한다. "오늘 내가 왕을 위하여 잔치를 베풀었사오니 왕이 좋게 여기시거든 하만과 함께 오소서"(에 5:4). 결혼식을 당일에 준비하는 사람은 없다. 하물며 왕과 왕이 총애하는 하만을 초대하는 잔치를 당일에 대충 준비한다는 건 말이 되지 않는다. 이미 사전에 철저한 계획을 세웠다.

왕과 하만이 잔치에 초대되었다. 한창 무르익었을 때 다시 한번 왕이 에스더에게 질문을 던진다. "곧 허락하겠노라"는 말을 덧붙이면서 말이다. 기분이 좋았나 보다. 이 말은 정말 요청을 들어주겠다는 확고한 의지를 보여준다. 신중한 에스더는 다시 한번 왕과 하만을 다음 날 잔치에 초대하겠다고 한다. 그때는 요구사항이 무엇인지 말하겠다고 하면서….

왕의 궁금증이 하늘을 찌를 것은 불 보듯 뻔하다. 이렇게 생각할 것이다. '에스더에게 정말 중요한 할 말이 있나 보다.' 왕의 궁금증을 자극했으니 작전 성공이다. 이후 결과는 잘 알 것이다. 에스더가 기도만 한 것은 아니다. 민족 구원을 위해 철저히 사전계획을 세우고 준비했다.

사명 위에 은혜가 덧입혀진다. 사명을 감당하지 않고 은혜를 구하면 안 된다. 세상 말로 도둑놈 심보다. 왜 은혜가 필요한가? 사명만으로는 되지 않기 때문이다. 세상 사람들에게는 사명만이 존재한다. 그런데 그리스도인에게는 사명 위에 은혜가 덧입혀진다. 이 사실이 위로가 된다. 공부하지 않고 서울대 합격을 바라는 건 사명을 감당하지 않고 은혜를 구하는 것이다. 일하지 않고 재물을 바라는 것 역시 사명을 감당하지 않은 채 은혜를 구하는 것이다. 그러니 로또로 대박 나서 인생 역전하겠다는 생각은 죄악이다.

열심히 공부했지만 시험 당일에 지각할 수 있다. 시험 중에 배가 아플 수도 있다. 실수로 답안지 마킹을 한 칸씩 밀릴 수도 있다. 내 사명이나 의지와 상관없이 벌어지는 일이다. 그래서 은혜가 필요하다. 서울대 합격이 아닌 이 은혜를 구하라. 지각하지 않도록 제시간에 일어나고 차가 막히지 않는 은혜, 배 아프지 않고 최상의 상태를 유지하는 은혜, 공부한 것을 잘 기억하는 은혜 말이다.

정의란 무엇인가

정의란 심은 대로 거두는 것이다. 그렇다면 정의로운 사회는 내가 심은 만큼 그대로 거둘 수 있는 사회다. 세상은 정의롭지 못하다. 심은 사람이 거두지 않고 소위 '빽'(Back)있는 사람이 거둔다.

질량 보존의 법칙이 있다. '질량 불변의 법칙'으로 불리기도 한다. 프랑스의 화학자 라부아지에(Lavoisier)가 발견한 것으로, 화학 반응이 일어날 때 반응하는 물질의 총 질량과 반응 후 물질의 총 질량이 서로 같다는 것이다. 이것은 우리 일상에서도 동일하게 적용된다. 누군가 이익을 얻었다는 것은 그만큼 손해를 입은 사람이 있다는 말이다. 자녀가 공무원 시험의 힘든 관문을 뚫고 합격했다면, 근사치한 점수로 불합격한 사람이 있다. 주식이 대박 났다면 반대로 쪽박 찬 사람도 있다. 정확하게 이익과 손해가 공존한다.

사람들은 자신의 삶에 이익이 된 것에 '은혜'라는 단어를 사용한다. 가지고 있는 아파트의 전세금을 올리고는 '은혜'라고 말한다. 오른 만큼 돈을 마련해야 하는 세입자의 입장은 고려하지 않는다. 갭투자로 다주택을 보유해 큰 이익을 얻은 사람이 그것을 두고 하나님께 복 받고 은혜 입은 것으로 여길지 모른다. 그러나 전월세 집마저 구할 길 없어 발을 동동 구르는 사람의 고통을 깨닫지는 못한다. 자기에게는 은혜라고 표현할 만한 그 뭔가가 다른 사람에게는 불행이 될 수도 있다.

분명한 사실은, 하나님께서는 이익을 얻은 자나 손해를 본 자 모두 자녀다. 하나님은 모든 자녀의 입가에 미소가 가득하길 원하신다. 어느 한쪽이 얻은 이익으로 다른 한쪽이 손해 보는 것을 원치 않으신다. 하나님께 은혜는 모든 사람이 이익을 얻는 방향으로 나타난다. 이것이 바로 은혜이며 정의다.

큰 병원에서 일하는 지인의 도움으로 수술이나 검사 일정을 앞당기게 된 것을 하나님의 은혜라고 말하는 사람도 보았다. 그들로서는 대기 인원이 많아 언제 수술하고 검사를 받게 될지 알 수 없는 상황에서, 지인의 도움으로 일정을 앞당기게 된 것이 은혜일 수도 있겠다. 그러나 지인이 도운 것은 분명한 사실이나, 하나님이 도우셨다는 데 대해서는 나는 회의적이다. 내게 하나님은 공의롭고 정의로운 분이다. 하나님은 남녀노소 빈부귀천을 막론하고 모든 사람에게 공평을 베푸신다. 내가 만났고 또 내가 지금 믿고 있는 하나님은, 모든 사람이 이익을 얻는 방향으로 일하시는 분이다. 한쪽의 유익만을 허락하시는 분이 아니다.

내가 특혜를 입었다면 소위 '빽'이나 '라인'이 없는, 나보다 훨씬 급한 조치가 필요한 사람이 아무런 영문도 모른 채 발만 동동 구르며 마냥 수술 날짜를 기다려야 할 수도 있다. 내가 특혜를 받아 이익을 얻었다면, 반대로 손해 보는 사람이 있기 마련이다. 지인의 도움을 받은 사람을 비판하고 싶은 마음은 없다. 나 역시 같은 처지에 있다면 도움을 받고 싶은 마음이 간절할 것 같다. 그러나 분명한 사실은, 성경은 이런 것을 가리켜 은혜라고 말하지 않는다는 것이다.

하나님은 정의롭고 공의로우시나 세상은 그렇지 않다. 하나님은 공평하시나 세상은 인맥으로 돌아간다. 그러니 우리 사회가 열심히 노력한 만큼의 결과를 반드시 이루는 정의로운 사회가 되게 해달라고 기도하라. 내 자녀가 최선을 다해 공부한 만큼 결과를 반드시 이루게 해달라고 기도하라.

1980년대 초반 우리나라에서 컨트리 음악의 인기몰이에 공을 세운 가수가 있었다. 덥수룩한 수염으로 유명한 케니 로저스(Kenny Rogers)다. 그의 음반 중에 "Trust In God, but lock your doors"(하나님을 신뢰하라. 그러나 문단속은 해라)라는 가사가 있다. 문단속하지 않으면 도둑이 드는 건 당연하다. 상식이다. 하나님 역시 상식을 무시하지 않으신다.

04
기도하면
다 된다는데

기도하면 다 된다?

결론부터 말하겠다. 아니다. 예상했으리라. 많은 그리스도인이 기도에 대해 심각하게 오해하고 있다. 신앙생활하면서 경계해야 할 것 중 하나가 '기도 만능주의'다. 기도하면 다 된다고 생각한다. 이것만큼 위험한 것도 없다. 기도하면 서울대 합격하고, 기도하면 사업에 성공하고, 기도하면 큰 평수로 이사하고, 기도하면 죽을병에서 살아나고, 기도하면 부자 되고, 기도하면 살 빠지고…. 어리석다.

어릴 적 집에서 개를 길렀다. 동물병원이라고는 시내를 뺑뺑 돌아야 겨우 한 군데 찾을 수 있을 시절이었다. 어느 날, 개가 닭

뼈를 먹다 목에 걸렸다. 자동차가 없어 개를 시내까지 데리고 갈 수도 없었다. 먹지 못해 하루하루 살이 빠지며 죽어가는 모습을 보며, 교회도 나가지 않던 나는 간절히 하나님께 기도했다. "하나님, 개를 살려주시면 제가 교회에 나가겠습니다." 끝내 개는 죽고 말았다. 동네에서 사납기로 소문난 개였다. 밥 먹을 때는 나도 물었다. 개 주인인 나를…. 밥 먹을 때는 개도 건들면 안 된다는 진리의 말씀을 무시한 벌이었다. 그렇게 나까지 물던 미친개였다. 정말 미쳤다는 게 아니라 그만큼 못된 놈이라는 뜻이다. 그런데 죽기 전에는 남이 와서 놀려도 그저 멀뚱멀뚱 쳐다만 보았다. 그런 개가 죽었다.

하나님은 생애 첫 기도에 응답하지 않으셨다. 비록 그리스도인이 되기 전이었지만…. 목사가 된 지금도 기도에 침묵하시는 하나님의 반응이 익숙하다. 이번에도 그런가 보다 한다.

기도한다고 다 되는 것은 아니다. 그러나 기도하는 모든 것은 다 되는 것이다. 누구에게? 하나님에게. 어떻게 하면? 원하시면. 말장난 같지만 잘 생각해 보시라. 심오한 차이가 있다. 하나님은 개를 살릴 능력이 있으시다. 그런데 기도를 듣지 않으셨다. 왜? 원하지 않으셨기 때문이다. 기도한다고 하늘에서 돈다발이 떨어지지 않는다. 그러나 하늘에서 돈다발이 떨어지는 건 되는 것이다. 누구에게? 하나님에게. 어떻게 하면? 원하시면. 왜 기도해도 돈다발이 떨어지지 않는가? 원하시지 않기 때문이다. 지극히 간단하다. 응답의 주체는 하나님이다. 기도의 시간과 정성과 방법은 무관하다.

> 한 나병환자가 예수께 와서 꿇어 엎드려 간구하여 이르되 원하시면 저를 깨끗하게 하실 수 있나이다 예수께서 불쌍히 여기사 손을 내밀어 그에게 대시며 이르시되 내가 원하노니 깨끗함을 받으라 하시니 곧 나병이 그 사람에게서 떠나가고 깨끗하여진지라
> _ 막 1:40-42

한 나병환자가 예수님께 와서 간구한다. "원하시면 저를 깨끗하게 하실 수 있나이다"(막 1:40). 나병환자는 바른 신앙관을 가지고 있었다. 내가 원한다고 얻을 수 있는 게 아니다. 주님이 원하셔야 한다. 그랬더니 예수님이 말씀하신다. "원하노니 깨끗함을 받으라"(막 1:41). 주님이 원하셨다. 그리고 나병환자는 바라던 바를 이룬다.

믿음은 하나님의 전능하심을 신뢰하는 것

흔히 '믿음'으로 기도하라고 한다. 당연하다. 그런데 뭘 믿어야 하는지 모른다. 대부분 '느낌'을 믿음으로 착각한다. 기도하면 기도한 대로 주실 것 같은 느낌을 믿음으로 생각한다. 이 느낌이 강하면 믿음 좋은 사람이고, 약하면 믿음이 부족한 사람으로 치부한다. 환자를 위해 기도한다. 이 환자는 어떤 믿음이 있을까? 기도를 통해 자신의 병이 나을 거라는 믿음을 갖는다. 그러나 성경이 말하는 믿음은 이런 것이 아니다. 심지어 이런 믿음이 병을 낫게 하는 것도 아니다. 이런 믿음의 소유자는 쉽사리 시험에 든다. 나을 것을 믿고 기도했는데 기도한 대로 되지 않으니 말이다.

성경은 다른 차원의 믿음을 요구한다. 바로 '하나님을 향한' 믿음이다. 하나님을 그 어떤 병이라도 고칠 수 있는 전능하신 하나님으로 믿는 것, 이것이 성경적 믿음이다. 40일 금식하며 기도하면 응답받을 것이라는 생각이 믿음이 아니다. 하나님의 전능하심을 믿는 것이 믿음이다.

> 다윗이 땅에서 일어나 몸을 씻고 기름을 바르고 의복을 갈아입고 여호와의 전에 들어가서 경배하고 왕궁으로 돌아와 명령하여 음식을 그 앞에 차리게 하고 먹은지라 _삼하 12:20

다윗이 밧세바를 범하여 낳은 아들을 하나님이 치신다. 다윗은 그 아이를 위해 7일을 금식하며 기도했다. 라반이 아니다. 나발도 아니다. 다윗이 기도했다. 하나님 마음에 합한 사람이다. 그러나 끝내 아이는 죽는다.

그런데 이후 다윗의 태도가 놀랍다. 통곡할 법도 한데, 몸을 씻고 기름을 바른 후 의복을 갈아입고 식사한다. 솔직히 매정한 아버지처럼 보인다. 신하들도 나와 같은 생각이었나 보다. "아이가 살았을 때에는 그를 위하여 금식하고 우시더니 죽은 후에는 일어나서 잡수시니 이 일이 어찌 됨이니이까"(삼하 12:21). 다윗의 대답이 실로 기막히다.

> 이르되 아이가 살았을 때에 내가 금식하고 운 것은 혹시 여호와께서 나를 불쌍히 여기사 아이를 살려 주실는지 누가 알까 생각함이거니와 지금은 죽었으니 내가 어찌 금식하랴 내가 다시 돌아오게 할 수 있느냐 나는 그에게로 가려니와 그는 내게로 돌아오지 아니하리라 하니라 _삼하 12:22-23

기도한 대로 응답받는 건 아니다. 다윗은 왜 7일을 금식하며 기도했을까? 한 가지 믿음이 있었다. 오직 하나님만이 치유하실 수 있다는 사실을, 현대 의학이 고칠 수 없는 이 병을 하나님은 고치실 수 있다는 것을 믿었다. 그리고 결과는 온전히 하나님께 맡겼다. 비록 아이는 죽었지만, 생사가 오직 하나님께만 달려있음을 믿은 사람이 다윗이다.

> 예수께서 거기에서 떠나가실새 두 맹인이 따라오며 소리 질러 이르되 다윗의 자손이여 우리를 불쌍히 여기소서 하더니 예수께서 집에 들어가시매 맹인들이 그에게 나아오거늘 예수께서 이르시되 내가 능히 이 일 할 줄을 믿느냐 대답하되 주여 그러하오이다 하니 이에 예수께서 그들의 눈을 만지시며 이르시되 너희 믿음대로 되라 하시니 _마 9:27-29

예수님이 길을 가시는데 두 맹인이 따라온다. 예수님이 질문하신다. "내가 능히 이 일 할 줄을 믿느냐"(마 9:28). 이 질문은 기도할 때의 믿음에 대한 통찰력을 제공한다. 무엇인가? 주님이 이 일을 하실 수 있다고 믿는 것이다. 그렇다. 이것이야말로 기도할 때 필요한 믿음이다. 기도의 대상, 믿음의 대상이 누구인지를 아는 것이다. 우리는 믿음의 대상을 신뢰하지 않고 응답의 성취를 신뢰한다. 기도의 대상, 믿음의 대상인 하나님은 그 어떤 기도라도 응답할 수 있는 전능하신 하나님이다. 이런 믿음이 없다면 기도할 필요 없다. 하나님의 능력을 의심하면 기도할 자격이 없다.

기도는 하나님과의 관계

나는 '기도 응답을 받기 위한 5가지 비결' '기도 응답의 원리' 같은 걸 별로 좋아하지 않는다. 솔직히 싫어한다. 기도 응답에 원리가 있다면, 그건 기도에 공식이 있다는 뜻이다. 인풋(input)을 넣으면 정확하게 아웃풋(output)이 나와야 한다. 1 더하기 1을 넣으면 반드시 2가 나와야 한다. 1 더하기 1을 넣었는데 3이 나오거나 결과가 나오지 않으면 기계 고장이다.

하나님은 기계가 아니다. 인격적인 분이다. 이렇게 기도하면 반드시 저렇게 응답하시는 분이 아니다. 이번에는 이렇게 응답하시나, 다음에는 저렇게 응답하시기도 한다. 정해진 건 없다. 공식이 없다.

기도는 하나님과의 관계라 공식으로 설명되지 않는다. 그런데도 누군가가 내게 굳이 기도 응답을 받기 위해 해야 할 것이 무엇인지 묻는다면 이렇게 대답하고 싶다. "진심을 담아 간절히 기도하십시오. 혹시 응답해 주실 거였다면, 기도 응답의 시기를 앞당기실 것입니다. 응답하지 않으실 거였다면, 눈물의 기도에 뜻을 돌이키실지도 모릅니다."

05
기도가 쌓이는
특별한 장소가 있다고?

기도의 양이 응답을 결정짓지 않는다

기도가 쌓인다고 한다. 그런 줄 알았다. 그때는 내게 신학이 없었을 때니. 기도의 양이 어느 정도 쌓이면 골든벨을 울려 응답이 되는가 보다 했다. 생각해 보았다. 내일까지 처리해야 할 일이 있다. 그런데 지금부터 기도한다. 내게 주어진 시간은 약 10시간이다. 어느 정도 기도의 시간을 채워야 응답이 될까? 당장 급한데 시간을 채워야 응답받는다면 기도할 필요가 없다.

자녀가 둘 있다고 가정해 보겠다. 둘 다 초등학교에 들어갔다. 어느 날 첫째가 엄마를 찾아온다. "엄마, 나 스마트폰 사줘." 이번엔 둘째가 찾아온다. "엄마, 나도 스마트폰 사줘." 둘 다 사주기에는 재정적 부담이 크다. 고민이 된다. 다음 날 첫째가 다시 찾아와 요청한다. 고민이 끝났다. 엄마는 둘째보다 한 번 더 요청한 첫째의 요구에 응답한다. 말이 안 된다. 3만 원 달라고 한 시간 기도하는 첫째의 기도에 응답하시려는 순간, 같은 것을 1시간 1분 11초 기도한 둘째의 기도에 응답하시는 하나님이 아니다. 그런데 이런 생각이 우리에게 있다. 기도는 쌓이는 게 아니다. 한 번 기도했는데 응답받을 때도 있고, 10년을 기도해도 응답받지 못할 수도 있다. 하나님은 인격이시다. 프로그래밍 된 기계가 아니다.

응답 잘 받는 기도원이나 장소가 있다고 한다. 심지어 예배당 안에도 명당이 있단다. 그런 줄 알았다. 그때는 내게 신학이 없었을 때니. 당장 해결해야 할 일이 있는데, 화장실 안이다. 이왕이면 예배당의 명당(?)에서 기도하고 싶다. 그러나 시간이 없다. 화장실 밖을 나가는 순간 일이 처리되어 있어야 한다. 어쩔 수 없이 화장실에서 기도한다. 밖으로 나오니 일이 해결되어 있다. 화장실에서 기도해도 응답받는다.

예배당 오른편 뒤쪽 구석에서 기도하고 싶다. 수십 년간 기도가 쌓인 곳이라고 한다. 그 자리에서 기도하면 기도 응답이 보장된단다. 그런 자리라면 내 전 재산을 팔아서라도 사고 싶다. 그런데 두 가지 문제가 있다. 내 전 재산이 '꼴랑' 수준이라는 것과 그런 자리는 없다는 것. 특정한 장소가 아니다. 믿음의 대상, 기도의 대상이 중요하다.

하나님을 아는 지식이 필요하다. 하나님을 알지 못하면 무속적으로 된다. 기도를 마치 골든벨 울리는 것처럼 생각한다. 응답받기 위해 기도를 많이 해야 한다고 생각한다. 응답받지 못하면 기도가 부족했다고 믿는다. 40일 새벽기도를 작정하면 응답받는다고 생각한다. 작정기도다. 천 일 동안 헌금하면 복 받는다고 믿는다. 일천번제다. 이렇게 한다고 응답받는 건 아니다. 내가 작정한 일수를 채울 때 응답받을 거라는 마음이 있다면, 미신이지 신앙이 아니다.

왜 금식할까? 금식기도에 능력이 있어서가 아니다. 금식기도 자체에 능력이 있다고 믿는다면, 금식을 신뢰하는 것이지 하나님을 믿는 사람은 아니다. 금식해도 응답받지 못할 수도 있고, 금식하지 않아도 응답받을 수 있다. 다만 작정하고 금식하며 기도할 때 응답받을 가능성이 크다. 가능성의 문제다. 금식과 작정은 응답을 향한 강한 열망의 표출이다. 내 생명조차 하나님께 내어 맡긴다는 마음의 표현이다. 배고프면 다른 생각이 들지 않는다. 하나님께만 집중하게 된다. 금식은 내 마음을 좀 더 간절하게 하고 겸허히 낮추게 한다. 나를 겸허하게 낮추어 하나님을 바라보게 하는 것, 이것이 금식의 능력이다.

기도의 양과 방식이 응답을 결정하지 않는다. 물론 나를 낮춘다고 응답받는 것도 아니다. 그래서 가능성이다. 그냥 하나님 마음이다. 하나님 마음대로 하는 것, 이것을 '주님의 뜻'이라고 한다.

기도는 내 뜻대로 하는 것이다

기도는 하나님 뜻대로 해야 한다고 한다. 아니다. 내 뜻대로 하는 것이다. 이게 무슨 궤변인가 할 것이다. 그런 당신에게 묻고 싶다. 그대는 하나님의 뜻을 아는가? 대부분 모른다고 인정할 것이다. 그러나 일부 신실한(?) 그리스도인은 따질 것이다. "성경에 나와 있소." 맞다. 성경에 나와 있다. 일부만.

착각하지 말아야 할 것이 있다. 성경을 언급하는 것이 남들에게는 신실하게 보일지 모르나, 당신 자신은 알고 있다. 성경에 모든 해답이 들어있지 않다는 것을. 우리나라가 앞으로 어떻게 될지, 언제 입대해야 할지, 어느 직장에 들어가야 할지, 내 배우자가 누가 될지, 현재의 직장을 계속 다녀야 할지, 어떻게 해야 사업이 번창할지, 지난밤 대판 싸운 배우자와 어떻게 화해할지, 주식을 지금 팔아야 할지, 저 사람은 좋은 사람인지, 내 살을 어떻게 빼야 할지, 오늘은 어떤 음식을 먹어야 할지 등. 성경에 명확하게 기록된 것 외에는 누구도 하나님 뜻을 알 수 없다.

누군가 성경 외의 하나님 뜻을 운운하면서 직통계시를 받았다고 한다. 이단이다. 사이비 교주일 수도 있다.

> 이르시되 아빠 아버지여 아버지께서는 모든 것이 가능하오니 이 잔을 내게서 옮기시옵소서 그러나 나의 원대로 마시옵고 아버지의 원대로 하옵소서 하시고 _ 막 14:36

겟세마네 동산에서의 예수님의 기도가 귀한 통찰력을 제공한다. 예수님의 기도는 세 부분으로 나뉜다.

- **첫째 부분** (믿음) 아빠 아버지여 아버지께서는 모든 것이 가능하오니
- **둘째 부분** (간구) 이 잔을 내게서 옮기시옵소서
- **셋째 부분** (수용) 나의 원대로 마시옵고 아버지의 원대로 하옵소서

먼저 하나님의 전능하심을 신뢰하고 고백한다. 응답에 대한 신뢰가 아닌 하나님을 향한 믿음이다. 그러고 나서 자신의 원함을 아뢴다. 자기의 뜻이다. 주님의 뜻이 아니다. 마지막으로 아버지의 뜻을 받아들인다. 이것이 기도다. 기도의 왕도는 기도하는 것

이다. 하나님 뜻을 생각하면 기도할 수 없다. 주님의 뜻인지 아닌지를 생각하느라 시작조차 못하게 된다. 그냥 자기의 원함을 아뢰면 된다. 유치해도 괜찮다. 판단은 하나님께서 하신다. 응답 역시 주님의 몫이다.

기도는 목적이 아니다. 수단이다. 하나님과 교제하기 위함이다. 기도를 통해 하나님과 친밀히 교제하게 된다. 성경 읽기 역시 마찬가지다. 수단이지 그 자체가 목적이 아니다. 말씀을 통해 하나님과 관계를 맺는다. 큐티 또한 수단일 뿐이다. 기도와 성경 읽기와 큐티가 목적이 되는 순간 교만해진다. 율법이 되고 올무가 된다. 생략했을 때의 찝찝함을 없애려고 형식적으로 하게 된다. 남들에게 '나 이런 사람이야!' 하며 생색낸다. 겉으로는 아닌 척해도 속으로 남과 비교한다. '너는 내게 안 돼! 나는 새벽기도 하는 사람이야.' 이런 사람은 '종교적 행위'가 자랑이다. 그러나 하나님과의 친밀함이야말로 진정한 자랑거리다.

기도의 4요소가 있다. 믿음, 기대, 간구, 수용이다.

1요소 (믿음) 주실 수 있는 분으로 믿고

2요소 (기대) 주실 것을 기대함으로

3요소 (간구) 내 원함을 올려드리되

4요소 (수용) 결과는 하나님 뜻대로

먼저, 하나님을 그 어떤 기도에도 응답하실 수 있는 분으로 믿는 믿음이다. 둘째, 응답을 기대하는 것이다. 기대 없는 기도는 지속하기 힘들다. 셋째, 자기의 원함을 올려드린다. 자기 뜻이라고 했다. 마지막으로, 응답의 여부는 하나님 마음이다. 어떤 결과든 수용하는 것이 참된 믿음이다. 예수님의 기도에는 이 요소가 모두 들어있다. 단, 2요소는 빠졌다. 기대의 유무가 응답의 여부를 결정하지는 않는다. 그런 면에서 2요소는 예수님에게 필수요소는 아니었다. 그러나 예수님 같은 믿음이 없는 우리에게는 기대가 요구된다.

부르짖을 때 기억하신다

여러 해 후에 애굽 왕은 죽었고 이스라엘 자손은 고된 노동으로 말미암아 탄식하며 부르짖으니 그 고된 노동으로 말미암아 부르짖는 소리가 하나님께 상달된지라 하나님이 그들의 고통 소리를 들으시고 하나님이 아브라함과 이삭과 야곱에게 세운 그의 언약을 기억하사 하나님이 이스라엘 자손을 돌보셨고 하나님이 그들을 기억하셨더라 _출 2:23-25

이스라엘 자손이 애굽에서 종살이를 하게 된다. 고된 노동이 견딜 수 없었는지 하나님께 탄식하며 부르짖는다. 언제 상달(上達)되었는가? 부르짖었더니 상달되었다. 이 말을 오해하지 말기 바란다. 평소 잘 못 듣고 계시다가 부르짖는 소리에 깜짝 놀라 들으신 게 아니다. 부르짖는 기도는 상달되고, 침묵기도는 올라가다 떨어지는 게 아니다. 기도는 소리를 지를수록 점점 하늘로 올라가는 시스템이 아니다. 통성기도가 침묵기도보다 응답이 잘 되는 것이 아니다. 반대로 침묵기도가 더 뛰어난 기도도 아니다. 통성이든 침묵이든 하나님은 들으신다.

급할 때는 절로 소리를 지르게 된다. 위급상황에서는 저절로 "도와주세요!" 하고 소리 지른다. 고전 유머처럼 "아버지~ 돌~ 굴러가유~"라고 말하지 않는다. 간절함과 갈급함이 있으면 탄식이 나온다. 부르짖어 기도한다고 신실한 사람이고, 조용히 기도한다고 믿음 없는 사람인 것도 아니다. 통성으로 기도한다고 기도빨이 센 사람도 아니요, 잠잠히 기도한다고 영빨이 약한 사람도 아니다. 사람의 신앙성숙도를 겉으로 판단하면 안 된다.

부목사 시절 성도를 위해 소리 내어 기도했더니 모두 기도 많이 한 영빨 있는 목사로 생각했다. "할렐루야~!" 한 마디면 모두 감동했다. 그런데 미안하게도 모두 속으셨다. 내 목소리는 어릴 때부터 허스키했다.

탄식 소리를 들으신 하나님께서 그들을 '기억'하신다. 이 표현이 재미있다. 역시 오해하지 마시라. 지금까지 언약을 잊고 계시다가, 백성이 부르짖으니 '맞다. 내가 아브라함과 이삭과 야곱과 약속했던 게 있었지' 하신 게 아니다. 하나님은 전지(全知)하신 분이다. 결코 잊으신 게 아니다. 이것은 이제 응답하시겠다는 의지의 표현이다. 이제 일하고 은혜를 베푸시겠다는 의미다. 과거의 언약을 잊었다가 다시 생각해낸 것이 아니라, 늘 염두에 두었던 것을 마침내 실행하시겠다는 뜻이다. 왜? 이스라엘 백성이 '이제야' 기도했기 때문이다.

> 주 여호와께서 이같이 말씀하셨느니라 그래도 이스라엘 족속이 이같이 자기들에게 이루어 주기를 내게 구하여야 할지라 내가 그들의 수효를 양 떼 같이 많아지게 하되 _ 겔 36:37

하나님께서 이스라엘 백성의 회복을 약속하신다. 하나님은 거짓말하지 않으신다(민 23:19). 약속하셨으면 반드시 이루신다. 그런데 전제가 있다. 약속의 말씀이 이루어지길 구해야 한다. 구하기 전에 필요를 다 아시는 하나님이시나, 구할 때 주신다. 여기에 기도할 이유가 있다.

이스라엘 백성의 탄식 소리가 하나님께 상달된다. 하나님은 그

기도를 들으시고 아브라함과 이삭과 야곱에게 주신 언약을 기억하셨다. 탄식했기에 상달된 것이 아니다. 부르짖었기에 언약을 기억하신 게 아니다. 하나님은 회복을 준비해 놓으셨고 그들의 기도를 기다리셨다. 그리고 '이제야' 기도했기에 일하기로 작정하신 것이다. 하나님은 부르짖을 때 기억하신다.

06
응답받는 기도의 비결이라

응답의 형태는 다양하다

응답받는 기도의 비결? 그런 기도가 있으면 내게도 알려달라. 미치도록 배우고 싶다. 기도 응답에 비결은 없다. 하나님은 인격적인 분이다. 관계지 공식이 아니라는 뜻이다. 이렇게 기도하면 저렇게 응답받는 그런 규칙 같은 건 없다. 하나님은 우리 기도에 반드시 응답해야 하는 분이 아니다. 응답 여부는 철저히 하나님 마음이다. 이것을 앞에서 '하나님 뜻'이라고 했다.

혹자는 기도 응답의 비결이 있다고 한다. 궁금했다. 응답받을 때까지 기도하면 된단다. 말은 된다. 그런데 원하는 것을 갖게 될 때까지 엄마에게 떼쓰는 철부지 아이 같아 보인다. 그 응답이라는 것이, 내가 기도한 바로 그것을 얻는 것이라면 틀렸다. 하나님은 내가 구하는 것만을 주시는 분이 아니다.

하나님은 우리의 기도를 들으시는가? 들으신다. 이건 진리다. 그러나 들으시는 것과 응답하시는 건 다르다. 우리의 모든 기도를 들으시나, 응답 여부는 하나님 뜻에 있다. 그러므로 기도하면 반드시 응답받는다는 말은 틀렸다. 그러나 내가 구한대로 받는 것을 응답이라 여기는 고정관념을 버리면, 이것은 맞는 말이다. 하나님은 다양한 형태로 응답하시기 때문이다.

내게는 초등생 아들이 있다. 아들의 요청에 대한 답변으로 기도를 배운다. "밥 줘!" "알았다." "칼 줘!" "안 된다." "결혼할래." "기다려!" "심방할래." "아빠가 할 일이다." "이 닦아줘!" "네가 할 일이다." 난 응답했다. 그러나 알았다고만 하지는 않았다. 때로 위험한 요구는 거절하기도 한다. 서운할지 모르나 거절하는 내 판단은 옳다. 어떤 요청에는 기다릴 것을 요구한다. 아들은 자신이 원한 것을 내가 들어주기를 바랄 것이다. 그러나 자신이 뭘 원하는지 모른다. 그 요청이 자신에게 득이 될지 해가 될지 모른다. 그저 원하는 것을 요구할 뿐이다. 판단은 어른인 내 몫이다. 난 아들보다 훨씬 오래 살았다. 세상을 좀 안다. 무엇이 옳은지 그른지도 안다. 판단 능력이 아들보다 뛰어나다. 그래서 내 판단으로 적절하게 응답한다.

> 깊도다 하나님의 지혜와 지식의 풍성함이여, 그의 판단은 헤아리지 못할 것이며 그의 길은 찾지 못할 것이로다 _롬 11:33

하나님의 지혜는 우리와 비교할 수 없다. 내가 아들보다 좀 더 살았다고 나름 판단한 것으로 응답하나, 하나님의 지혜는 나와 비교할 수 없다. 내 판단은 아들보다 상대적으로 뛰어나나, 하나님의 지혜는 절대적이다. 비교 대상이 없다. 그분의 판단은 항상 옳다. 그분의 응답은 반드시 구하는 자에게 득이 된다. 그러니 기도한다고 다 되는 게 아니라는 사실에 낙심하지 마시길. 모든 이가 기도한 대로 응답받으면 내가 망하고, 민족이 망하고, 열방이 망한다.

때로는 설교나 심방처럼 내가 할 일을 자기가 하겠다고 한다. 그때는 아빠인 내가 할 일이라고 말해 준다. 이것이 기도에도 똑같이 적용된다. 하나님이 하실 일을 우리가 하겠다고 우길 때가 있다. 대표적인 예가 날씨의 변화를 위한 간구다. 교회 행사를 위해 좋은 날씨를 달라고 기도한다. 만약 날씨가 좋다면 기도 응답이라 여긴다. 그러나 비가 온다면 기도 혹은 믿음이 부족했다고 믿는다.

목회자들이 이런 예화를 종종 남발한다. 나는 이런 설교 예화가 매우 불편하다. 지극히 이기적인 기도이기 때문이다. 한쪽에서는 가뭄에 비가 오지 않아 발을 동동 구르고 있다. 그들은 비를 간절히 원한다. 그런데 또 한쪽에서는 행사를 위해 비 오지 않기를 기도한다. 하나님은 누구의 기도에 응답하실까? 하나님의 영역이다. 그러니 좋은 날씨를 기도했다면 우산 가지고 오면 안 된다는 비상식적인 말을 하지 마시라. 그리고 제발 예화로 사용하지 마시길. 일기예보에서 비를 예보했다면 우산을 챙겨야 한다. 운 좋게 일기예보가 맞지 않았고, 마침 우산을 챙기지 않은 사람을 믿음의 사람으로 착각하지 마시라. 오히려 우리는 날씨의 변화가 아닌 지혜를 구해야 한다. 어떤 날씨에서도 주어진 과업을 잘 성취할 수 있는 지혜 .어떤 환경에서도 당황하지 않고 행사를 잘 마칠 수 있는 상황판단력을 달라는 것이 우리의 기도가 되어야 한다.

자기가 할 일을 하나님께 요청할 때도 있다. 미안하지만 게으른 사람일 경우가 많다. 새벽예배에 가고 싶어 새벽을 깨우게 해달라고 기도하는 이가 있다. 큐티를 잘하게 해달라고 기도하는 이도 있고, 또 공부를 열심히 하게 해달라고 기도하는 이도 있다. 상처받지 말고 들으시라. 그냥 당신이 하면 된다. 그건 기도제목이 아니다. 아니 될 수 없다. 내가 할 수 있는 것을 하는 게 '사명'이다. 내가 할 수 없는 영역에서 임하는 것이 '은혜'다.

한국과 일본이 축구경기를 한다. 각 나라의 신실한 그리스도인들이 서로 우승하기 위해 기도한다. 하나님은 누구의 기도에 응답하실까? 그건 각자의 몫이다. 더 열심히 훈련하고, 전략과 전술이 뛰어난 팀이 승리할 가능성이 크다.

기도의 두 날개, 진실함과 간절함

기도 응답에는 비결이 없다. 그러나 기도하는 자의 마음 자세나 간구 내용 등 가이드는 제시할 수 있다. 하나님이 들으시는 기도의 특징 두 가지가 있다. 나는 이것을 '기도의 두 날개'라 부른다.

> 여호와께서는 자기에게 간구하는 모든 자 곧 진실하게 간구하는 모든 자에게 가까이 하시는도다 _ 시 145:18

여호와께서는 자기에게 간구하는 모든 자에게 가까이하신다고 한다. 모든 자 중에서 진실하게 간구하는 모든 자에게 가까이하신다. 반대로 말하면, 우리의 간구가 진실하지 않으면 가까이하지 않으신다. 생각해 보았다. 기도를 진실하게 하지 않고 가식적으로 할 때가 있는가? 있었다. 이 말씀을 묵상하기 전까지는 진실하게 기도한다고 믿었다. 그런데 아니었다. 내 기도에도 가식과 위선이 있었다. 기도의 두 날개가 부러져 있었다.

먼저, '진실함'이다. 간구하는 내용과 내 마음의 소원이 일치하는 것이다. 당연한 걸 대단한 것처럼 말하느냐고 따지고 싶을 것이다. 대부분 진실하게 기도한다. 내 자녀가 원하는 대학이나 회사에 들어가게 해달라는 기도에 가식이 있을 수 없다. 남편의 사업이 번창하게 해달라는 기도에 위선이 있을 수 없다. 그러나 남을 위한 기도라면 문제가 달라진다.

임용고시를 준비하는 청년이 있었다. 진입장벽이 높은 시험이라 밤낮없이 열심히 공부했다. 어느 날 같은 시험을 준비하는 친구에게 전화가 왔다. "나 자신 없어. 너무 불안해. 이번 시험에 꼭 합격할 수 있도록 기도해 줘." 안타까운 마음으로 친구의 합격을 위해 기도했다. 그런데 진심으로 기도가 되지 않았다. 친구가 합격하면 내가 합격할 기회는 줄어들게 된다. "하나님, 친구가 합격하기를 원합니다. 그러나 한 명만 합격해야 한다면 제가 되길 원합니다." 이것이 우리의 본심이다.

가슴에 손을 얹고 생각해 보면, 우리의 기도가 진실하지 못할 때가 많다. 한국 교회의 부흥을 위해 기도하나, 속은 내 교회만 부흥하면 된다. 이웃집 자녀를 축복하나, 속은 내 자녀만 성공하면 된다. 어려운 성도를 안타까워하나, 속은 내 집만 잘 살면 된다. 간구하는 내용과 내 마음의 소원이 일치하지 않는 기도를 하나님이 들으실 리 없다. 친구를 위해, 이웃을 위해, 교회 성도를 위해 우리는 얼마나 진실한 기도를 드리고 있는가? 눈에서 눈물이 떨어진다 할지라도, 하나님은 우리의 중심을 살피신다. 하나님을 속이는 것은 불가능하다. 하나님은 우리의 기도가 진실한지 정확히 짚어내신다.

둘째, '간절함'이다. 간구하는 내용이 정말 이루어지길 바라는 마음이다. '정말'이라는 단어에 집중하시라. 수능을 앞둔 수험생의 기도가 얼마나 간절할까. 소개팅을 한 시간 앞둔 미혼 남녀의 기도가 얼마나 절박할까.

어느 날 내게 이메일이 왔다. 매우 다급한 내용이었다. 중국에서 한 선교사님이 공안 당국에 발각되어 목숨이 위태롭다고 했다. 그러니 이 이메일을 읽는 사람은 누구든 기도해 달라고 했다. 순간 하던 일을 멈추고 선교사님을 위해 기도했다. 간절히 기도했다. 기도가 끝난 뒤, 나는 무슨 일 있었냐는 듯 볼일을 보러 나갔다. 선교사님의 생사는 안중에도 없는 채. 나는 분명 기도했으나, 부끄럽게도 내 기도에는 '정말' 선교사님의 생명이 보호받기를 바라는 간절함은 없었다. 지금 나는 회개한다. 그래서 누군가 내게 기도를 부탁하면 두렵다. 기도하겠다고 하나, 발등에 떨어진 내 문제보다 간절히 기도해 줄 자신이 솔직히 없다. 그런데도 나는 열심히 기도했으니 하나님이 들으실 거라 착각할 때가 많다. 이것이 참 무섭다.

간절함 없는 기도의 대표적인 예가 식사기도다. 습관적으로 드릴 때가 많다. 기도하자니 늘 하는 것이라 귀찮고, 안 하자니 체할 것 같은 찝찝함이 있다. 밖에서는 누가 볼까 봐 눈을 뜬 채 숟가락을 입으로 올리면서 기도하기도 한다. 하나님이 음식을 주신 것에 감사하여 간절함으로 기도하는 성도가 얼마나 될까.

> 그 때에 헤롯 왕이 손을 들어 교회 중에서 몇 사람을 해하려 하여 요한의 형제 야고보를 칼로 죽이니 유대인들이 이 일을 기뻐하는 것을 보고 베드로도 잡으려 할새 때는 무교절 기간이라 잡으매 옥에 가두어 군인 넷씩인 네 패에게 맡겨 지키고 유월절 후에 백성 앞에 끌어 내고자 하더라 이에 베드로는 옥에 갇혔고 교회는 그를 위하여 간절히 하나님께 기도하더라 _ 행 12:1-5

베드로가 옥에 갇혔다. 그리고 교회는 그를 위하여 하나님께 간절히 기도했다(행 12:5). 하나님께서 교회의 기도를 들으셨다.

> 헤롯이 잡아 내려고 하는 그 전날 밤에 베드로가 두 군인 틈에서 두 쇠사슬에 매여 누워 자는데 파수꾼들이 문 밖에서 옥을 지키더니 홀연히 주의 사자가 나타나매 옥중에 광채가 빛나며 또 베드로의 옆구리를 쳐 깨워 이르되 급히 일어나라 하니 쇠사슬이

그 손에서 벗어지더라 천사가 이르되 띠를 띠고 신을 신으라 하거늘 베드로가 그대로 하니 천사가 또 이르되 겉옷을 입고 따라오라 한 대 베드로가 나와서 따라갈새 천사가 하는 것이 생시인 줄 알지 못하고 환상을 보는가 하니라 이에 첫째와 둘째 파수를 지나 시내로 통한 쇠문에 이르니 문이 저절로 열리는지라 나와서 한 거리를 지나매 천사가 곧 떠나더라 이에 베드로가 정신이 들어 이르되 내가 이제야 참으로 주께서 그의 천사를 보내어 나를 헤롯의 손과 유대 백성의 모든 기대에서 벗어나게 하신 줄 알겠노라 하여 깨닫고 마가라 하는 요한의 어머니 마리아의 집에 가니 여러 사람이 거기에 모여 기도하고 있더라 _ 행 12:6-12

하나님께서 천사를 보내 베드로를 옥에서 나오게 하신다. 베드로는 이 사실을 깨닫고 마가라 하는 요한의 어머니 마리아의 집으로 간다(행 12:11-12). 예수를 그리스도로 고백하는 이들의 모임이 교회라면, 베드로가 마리아의 집에 갔을 때 여전히 교회는 기도 중이었다.

베드로가 대문을 두드린대 로데라 하는 여자 아이가 영접하러 나왔다가 베드로의 음성인 줄 알고 기뻐하여 문을 미처 열지 못하고 달려 들어가 말하되 베드로가 대문 밖에 섰더라 하니 그들이

> 말하되 네가 미쳤다 하나 여자 아이는 힘써 말하되 참말이라 하니 그들이 말하되 그러면 그의 천사라 하더라 베드로가 문 두드리기를 그치지 아니하니 그들이 문을 열어 베드로를 보고 놀라는지라 베드로가 그들에게 손짓하여 조용하게 하고 주께서 자기를 이끌어 옥에서 나오게 하던 일을 말하고 또 야고보와 형제들에게 이 말을 전하라 하고 떠나 다른 곳으로 가니라 _ 행 12:13-17

베드로가 대문을 두드리자 로데라는 여자아이가 나온다. 문을 열어달라는 베드로의 음성을 듣고는 기뻐하며 집으로 달려 들어간다. 미처 문을 열지 못한 채 말이다. 그리고 흥분한 목소리로 외친다. "베드로가 밖에 있어요!" 이때 사람들의 말이 귀를 의심하게 한다. "네가 미쳤다"(행 12:15). 어쩌면 이것이 우리의 모습이다. 여자아이가 사실이라며 강변하자 사람들이 한 마디 덧붙인다. "그러면 그의 천사라"(행 12:15).

이 우스꽝스러운 장면을 어떻게 설명해야 할까. 분명 교회는 베드로를 위해 기도했다(행 12:5). 그러나 막상 기도가 응답되자 그들은 믿지 못했다. 뭔가를 위해 열심히 기도하나, 정말 기도가 이루어지길 바라는 간절함은 없을 때가 많다. 눈물 흘리고 소리를 지른다고 기도가 간절하다고 할 수 없다. 원래 그런 성향의 사람이 있다. 기도도 성격과 성향대로 한다.

진실함과 간절함으로 기도하는 사람은 응답을 기대하고 기다린다. 기도의 내용과 마음의 소원을 일치시키라. 그리고 간구의 내용이 '정말' 이루어지기를 기도하라. 하나님은 기도의 두 날개로 나아가는 간구를 기뻐하며 들으실 것이다.

누구도 시원하게 답해 주지 못한
질문에 답하다

Part 2
만남의 복, 제대로 알자

01
만남, 은혜와 지혜가 필요하다

비(非) 선택적 만남, 은혜가 필요하다

내가 선택할 수 없는 만남이 있다. 가족을 내가 택할 수는 없다. 담임선생님도 선택할 수 없다. 군대 선임도 택할 수 없고, 직장 상사도 이웃집 사람도 택할 수 없다. 모든 만남이 하나님의 사전계획에 따라 이루어지는 건 아니다. 그러나 하나님께서 복을 주시는 만남이 있다. 이런 비 선택적 만남에는 '은혜'가 필요하다.

혈연, 지연, 학연은 좋은 것인가? 가치 중립적이다. 서로의 관계가 핏줄이냐, 같은 지역이냐, 같은 학교냐를 구분하는 하나의 팩트일 뿐이다. 그런데 주로 부정적인 의미로 쓰인다. 정치적이거나 개인의 이득을 취하기 위한 목적으로 사용하는 경우가 많기 때문이다. 사회가 그렇게 만들었다. 부정부패를 저지른 사람의 배후에 혈연과 지연과 학연이 있다. 우습게도 난 이것이 좋다고 생각한다. 좋은 사람과 좋은 관계를 맺는 게 뭐가 나쁘단 말인가. 하나님은 사람을 동역자로 사용하신다. 사람을 통해 일하신다. 하나님께서 홀로 일하실 것 같으면, 우리에게 동역자를 주실 이유가 없다. 그래서 관계가 중요하다.

인맥은 하나의 도구다. 잘 쓰면 유용하나 잘못 쓰면 독이 된다. 칼이라는 도구를 적절히 잘 쓰면 유용하나, 잘못된 목적으로 사용하면 흉기가 된다. 인맥 역시 마찬가지다. 거룩한 도구가 될 수도 있고, 부정한 도구가 될 수도 있다. 도구는 도구일 뿐이다. 도구가 하나님 자리를 대신할 수 없다. 그러니 인맥을 의지하지 마시라.

인맥 그 자체로는 거룩하지도 부정하지도 않다. 이 말을 기억하시라. "하나님께서 쓰시면 거룩한 도구가 되고, 내가 쓰면 부정한 도구가 된다." 중요하다. 하나님이 쓰시도록 해야 한다. 내가 그 사람을 쓰려고 하면, 그를 의지하고 신경 쓰게 된다. 사회적으로 명성이 있거나 권력이 있는 사람을 통해 이득을 취하려고 한다. 반대로, 도움이 될 것 같지 않은 사람은 함부로 대하거나 쉽게 대한다.

만일 너희 회당에 금 가락지를 끼고 아름다운 옷을 입은 사람

> 이 들어오고 또 남루한 옷을 입은 가난한 사람이 들어올 때에 너희가 아름다운 옷을 입은 자를 눈여겨 보고 말하되 여기 좋은 자리에 앉으소서 하고 또 가난한 자에게 말하되 너는 거기 서 있든지 내 발등상 아래에 앉으라 하면 너희끼리 서로 차별하며 악한 생각으로 판단하는 자가 되는 것이 아니냐 _ 약 2:2-4

야고보 기자는 성도를 차별하지 말라고 한다. 회당에 들어오는 사람 중 금가락지를 끼고 좋은 옷을 입은 부유한 사람이 있었다. 반면, 남루한 옷을 입고 들어오는 가난한 사람도 있었다. 부자와 가난한 자를 차별하지 말라는 뜻이다.

차별을 떠나, 사회적 지위가 있는 사람을 존중하는 것은 마땅하다. 사람들은 고소득인 그들의 결과만 보고, 지금처럼 되기 위해 노력한 시간과 땀방울은 보지 못한다. 최선을 다해 노력하고 희생한 열정은 부자와 가난한 자를 막론하고 인정해 주어야 한다. 그러나 부자와 가난한 자를 차별하는 경향이 있다. 그리스도인이라 하여 예외는 없다. 불로소득으로 일확천금을 손에 쥔 사람도 있겠으나, 사회적 지위가 높을수록 고소득일 가능성이 크다. 이런 사람일수록 부자가 많다. 사람들은 흔히 부유하게 보이는 사람이 사회적 지위도 높을 거라 생각한다. 이런 사람에게 잘 보이면 신상에 유리할 거라 여긴다. 반대로 잘못 보이면 해가 되거나, 필요한 순간에 도움을 얻지 못할 거라 생각한다. 자본주의 사회를 살아가니 어쩌겠는가. 우리 몸에 밴 것을.

불로소득이 아닌 희생과 땀방울로 빚어진 부자를 인정하는 것은 좋으나, 내게 유익이 되느냐 그렇지 않으냐로 판단하여 차별하는 것은 바람직하지 않다. 악(惡)이다. 하나님보다 세상의 힘과 권력을 더 의지한다는 방증일 테니 말이다. 안타깝다. 이 숨은 동기에 대해 그 누구도 자유로울 수 없다.

상대의 부와 권력을 내 입신양명의 수단으로 이용하지 마시라. 내 출세에 유익이 되느냐 그렇지 않으냐로 차별하지 마시라. 우리를 출세시키는 분은 하나님이지 권력과 힘을 가진 사람이 아니다. 몸은 죽여도 영혼은 능히 죽이지 못하는 사람들을 두려워하지 말고, 몸과 영혼을 능히 지옥에 멸하시는 하나님만을 두려워하라(마 10:28).

비 선택적 만남의 은혜를 위해 이렇게 기도하라. "하나님, 만남의 복을 주소서. 좋은 공동체를 만나게 하시고, 좋은 지도자를 만나게 하시고, 좋은 스승을 만나게 하시며, 좋은 동역자를 만나게 하소서. 무엇보다 사람이나 권력이나 인맥보다 하나님을 더 신뢰하는 자가 되게 하소서."

선택적 만남, 지혜가 필요하다

인생 대부분이 비 선택적 만남이다. 처음부터 선택적으로 접근하는 만남은 드물다. 사기꾼 외에는. 비 선택적 만남으로 시작해 그중에서 내가 만날 사람을 선택한다. 초중고 그리고 대학교에 들어가면서 같은 반, 같은 과라는 공동체가 생긴다. 직장에 들어가고 교회에 들어가면서 동료와 동역자가 생긴다. 여기서 만난 사람들은 비 선택적 만남이다. 그런데 이런 비 선택적인 만남 중에, 내가 선택적으로 사람을 정하게 된다. 이것이 바로 선택적 만남이다.

우리의 관계를 가만히 들여다 보면, 비 선택적 만남으로 시작해 선택적 만남으로 이어진다. 이런 선택적 만남이 비 선택적 만남과 결정적으로 구별되는 차이점이 있다. 비 선택적 만남에서는 내 의지와 상관없이 누군가를 만난다. 따라서 좋은 사람을 만나게 해주시는 하나님의 은혜가 필요하다. 그러나 선택적 만남에서는 내가 의지를 발휘해야 한다. 그래서 선택적 만남에서는 하나님의 '지혜'가 필요하다.

르호보암 왕이 그의 아버지 솔로몬의 생전에 그 앞에 모셨던 노인들과 의논하여 이르되 너희는 어떻게 충고하여 이 백성에게 대답하게 하겠느냐 대답하여 이르되 왕이 만일 오늘 이 백성을 섬기는 자가 되어 그들을 섬기고 좋은 말로 대답하여 이르시면 그들이 영원히 왕의 종이 되리이다 하나 왕이 노인들이 자문하는 것을 버리고 자기 앞에 모셔 있는 자기와 함께 자라난 어린 사람들과 의논하여 이르되 너희는 어떻게 자문하여 이 백성에게 대답하게 하겠느냐 백성이 내게 말하기를 왕의 아버지가 우리에게 메운 멍에를 가볍게 하라 하였느니라 함께 자라난 소년들이 왕께 아뢰어 이르되 이 백성들이 왕께 아뢰기를 왕의 부친이 우리의 멍에를 무겁게 하였으나 왕은 우리를 위하여 가볍게 하라 하였은즉 왕은 대답하기를 내 새끼 손가락이 내 아버지의 허리보다 굵으니 내 아버지께서 너희에게 무거운 멍에를 메게 하였으나 이제 나는 너희의 멍에를 더욱 무겁게 할지라 내 아버지는 채찍으로 너희를 징계하였으나 나는 전갈 채찍으로 너희를 징계하리라 하소서 삼 일 만에 여로보암과 모든 백성이 르호보암에게 나아왔으니 이는 왕이 명령하여 이르기를 삼 일 만에 내게로 다시 오라 하였음이라 왕이 포학한 말로 백성에게 대답할새 노인의 자문을 버리고 어린 사람들의 자문을 따라 그들에게 말하여 이르되 내 아버지는 너희의 멍에를 무겁게 하였으나 나는 너희의 멍에를 더욱 무겁게 할지라 내 아버지는 채찍으로 너희를 징계하였으나 나는 전갈 채찍으로 너희를 징치하리라 하니라 _왕상 12:6-14

초기 이스라엘 통일왕국의 왕은 사울, 다윗 그리고 솔로몬이다. 이어 북이스라엘과 남유다로 분열된다. 이 분열왕국 최초의 남유다 왕이 르호보암이다. 북이스라엘과 남유다로 갈라지게 된 배경은 이러하다.

르호보암이 솔로몬에 이어 왕이 된 후, 느밧의 아들 여로보암이 그를 찾아온다. 그러고는 왕의 아버지, 즉 솔로몬이 무겁게 메운 멍에를 가볍게 해달라고 요청한다. 이때 르호보암이 아버지 솔로몬 왕과 함께했던 노인들과 상의한다. 노인들은 여로보암의 요청을 받아들이라고 조언한다. 그러나 르호보암은 노인들의 자문을 버리고, 자기와 함께 자라난 소년들에게 묻는다. 그들은 오히려 멍에를 더욱 무겁게 하라고 말한다. 르호보암은 여로보암에게 아버지의 채찍이 아닌 전갈 채찍으로 다스릴 것이라고 말한다(왕상 12:14).

이 말에 분노한 여로보암이 반란을 일으킨다. 르호보암의 판단 착오가 이스라엘을 남과 북으로 갈라지게 한 것이다. 이스라엘 역사에 획을 그을 만한 사건이 르호보암의 실수로 일어난다. 선택이 나라의 운명을 결정한다. '선택'은 이처럼 중요하다.

> 왕이 이같이 백성의 말을 듣지 아니하였으니 이 일은 여호와께로 말미암아 난 것이라 여호와께서 전에 실로 사람 아히야로 느

밧의 아들 여로보암에게 하신 말씀을 이루게 하심이더라 _왕상 12:15

  열왕기 기자는, 르호보암 왕의 판단 착오가 여호와께로 말미암은 것이라고 한다. 이 말을 오해하면 안 된다. 여호와께서 일부러 왕을 조정한 것이 아니다. 노인들의 조언을 일부러 버리게끔 수를 쓰신 게 아니다. 귀에 딱지가 앉도록 말하지만, 하나님은 인격적인 분이다. 결코 강제로 하지 않으신다.

  여호와께로 말미암았다는 것은, 르호보암의 판단 과정에 개입하지 않으셨다는 의미다. 즉, 르호보암에게 올바른 지혜와 판단력을 주시지 않았다는 말이다. 하나님의 지혜가 아닌 르호보암의 지혜가 민족을 분열시키는 결과를 초래한 것이다. 다시 한번 강조한다. 선택이 나라의 운명을 결정한다. '선택'은 이처럼 중요하다.

02
배우자 기도, 뭐 좀 알고 하자

오해1: 기도만 하면 백마 탄 왕자와 신데렐라가 내게로 온다

신실한 분들에게는 미안하다. 기도만 하면, 평생 혼자 기도만 하게 된다. 기도'만' 하지 말란 말이다. 노력이 필요하고, 전략이 필요하고, 행동이 필요하다.

배우자와의 만남에서 가장 많이 하는 오해가 이것이다. 간절히 기도하면 멋진 이성이 다가올 거라는 생각이다. 성령은 위에서 오나 이성은 옆에서 온다. 한번 더 언급하겠다. 기도해서 이성의 마음을 얻는다면, 내가 아이유 마음도 얻었으렷다. 참고로 난 아내를 가장 사랑한다. 오해하지 마시라. 어디까지나 비유일 뿐.

나는 광나루 장신대를 졸업했다. 들어가기 전부터 소문이 무성했다. 자매 청년들이 줄을 선다나 어쩐다나. 청년 사역을 하며 알게 되었다. 박보검 같은 꽃미남 사역자에게나 해당한다는 것을. 잘생긴 전도사는 인기가 많다. 더 신실해 보인다나. 나처럼 생긴 전도사는…. 여기까지 하겠다. 잘생기고 예쁘면 착하고 신실한 사람이 된다. 그 반대면 죽도록 노력해야 한다. 교제와 결혼이 100이라면, 전자는 70에서 시작하나 후자는 30에서 시작한다. 독자분들에게 사과한다. 좌절감을 심어주어서.

외모를 가꾸고 매력을 어필하라고 하면 혹자는 그런다. "제 외모가 아닌 내면을 보는 형제(혹은 자매)를 만날 거예요." 그래서 지금까지 혼자 기도하는 것이다. 하나님은 중심을 보시나 사람은 외모를 본다. 내 말이 아니다. 성경에 기록된 말이다. 물론 이런 의미는 아니겠지만. 내면을 담는 그릇이 외모다. 사람은 외모를 통해 내면을 본다.

내면을 투시해서 볼 수 있는 사람은 없다. 내가 얼마나 매력적인 사람인지 어필하는 것이 필요하다. 명품가방을 검정 비닐봉지에 담아 오는가? 가방이라는 내면이 중요하니 검정 봉지든 노랑 봉지든 상관없는가? 아니다. 명품가방의 가치에 걸맞은 가방에 담아야 내면이 빛을 발한다. 내면을 더욱 돋보이게 하는 것이 외모이고 그게 매력이다. 그러니 노력해야 한다.

매력을 어필하시라. 단순히 외모만을 말하는 게 아니다. 성격, 복장, 말투, 교양, 그중에서도 '인격'을 갖추시라. 신앙은 강조하지 않겠다. 기본전제니. 외모는 타고난 것이니 어쩌랴. 그래도 깔끔하게 가꾸자. 좋은 향이 난다면 더할 나위 없이 좋다. 하나님이 주신 몸이니 내 몸을 사랑하자.

그러나 '신앙'만 있는 사람이 제일 무섭다. 그런 사람은 목사인 나도 피하고 싶다. 오죽하면 신대원에 전해내려오는 불문율 중에 사모하려는 자매와는 만나지 말라는 말이 있겠나. 사모가 되고 싶으면 하고 싶다고 말하지 말고 결혼 후에 고백하시라. "전 사모가 비전이었어요."

어떤 청년은 말한다. 아직 교제할 때가 아니라고. 애매하다. 때를 기도해 본들 소용없다. 하나님의 전공과목은 침묵이기 때문이다. 10년 청년 사역을 했던 내 경험으로 말한다. '교제'는 해보는 것이 좋고, '연애'는 빠를수록 좋다. 구분이 우습지만 굳이 구분하자면, 결혼을 배제한 이성과의 만남이 교제이고, 결혼을 전제로 한 만남이 연애다. 교제는 한 번 이상은 경험하는 것이 좋다. 연애는 몇 번 해보는 것도 도움이 된다. '결혼'이란 기준이 있다면 교제만으로 끝날 수도 있고, 교제가 연애로 이어질 수도 있다. 대부분 결혼까지 생각해서 만나는 경우는 없다. 그냥 좋아서 만나고 싫어서 헤어진다. 교제로만 그친다는 말이다.

물론 대학교 1-2학년 때는 교제를 피하시라. 내가 IVF 선교단체에서 활동할 때, '3말4초'라는 말이 있었다(지금도 있는지는 모르겠다). 사자성어가 아니다. 교제를 하려면 3학년 말이나 4학년 초에 하라는 잔인한 뜻이다. 대학에 들어오자마자 시작된 이성교제가 다른 이들과의 교제를 방해하고, 결국 대학과 신앙공동체에서 둘만 고립 상태로 만든다. 함께 신앙생활을 하면 하나님을 더 잘 섬길 것 같으나, 신앙이 성숙하지 못한 상태의 이성교제는 하나님과의 교제를 방해한다. 그들의 신앙은 상향이 아닌 하향평준화가 된다. 그래서 선배들은 어느 정도 신앙이 성숙한 나이인 '3말4초'에 교제를 시작하라고 당부했다. 잘 들으시라. '3말4초'는 교훈이 아닌 만고의 진리다.

결혼을 전제로 한 만남을 연애라고 했다. 교제해 보는 것이 도움이 된다면, 연애는 빠를수록 좋다고 했다. 여러 번 연애하라는 말이 아니다. 한 번의 연애가 결혼까지 갈 수도 있고, 연애의 실패를 거듭한 후 결혼으로 연결될 수도 있다. 전자라면 최상이나 대부분 그렇지 못하다. 그렇다면 후자에서도 교훈을 얻자는 말이다.

연애 전에 상대에 대한 확신이 없을 수 있다. 그러나 기억하시라. 확신은 연애 전이 아닌, 하면서 얻는다. 상대를 만나보지도 않고 알 수는 없다. 헤어짐을 두려워하면 안 된다. 결혼 전은 배우자를 분별하는 시기다. 지금 만나는 사람에게 인생을 걸 만한 큰 의미를 부여하기에 헤어지는 것을 염려한다. 이만한 사람 보기 힘들다고 생각한다. 헤어져 보면 안다. 세상은 넓고 이성은 엄청나게 많다는 것을. 다음 상대를 만나는 순간 이전 상대는 기억에서 사라진다. 지금의 형제나 자매만 한 사람도 보기 힘들다고 또다시 착각(?)한다. 좋은 사람일 수는 있으나, 결혼 전에는 언제든 헤어질 수도 있는 사람이라는 걸 염두에 두어야 한다.

오해2: 'FEEL'이 중요하다

두 번째 오해는, 감정을 이성보다 우위에 둔다는 사실이다. 배우자를 결정하는 데 상대에 대한 객관적인 정보보다 자기의 감정을 더 중요한 결정요소로 생각한다. 감정이 전혀 생기지 않는데 조건이 좋으니 무조건 만나라는 말이 아니다. 걱정하지 마시라. 감정 역시 중요하다. 다만 그 사람이 어떤 사람인가 하는 것보다 뭔가 끌리는 'FEEL'이 있는지를 결정의 우선순위에 두지 말라는 것이다. 상대를 향한 좋은 감정을 하나님의 뜻으로 확신하지 말라는 뜻이다.

어느 날 한 남자 청년이 찾아왔다. 한 여자가 눈에 들어온다고 했다. 그녀를 처음 본 순간부터 내 여자라는 확신이 들었단다.

그래서 기도했더니 하나님께서 배우자라는 마음까지 주셨다고 한다. 음 … 그 여자는 원래 괜찮았다. 감정이 생기고 나니 괜찮은 여자가 아니라, 원래 인기 많은 자매였다. 자기만 느꼈다는 그 FEEL을 다른 남자들도 모두 느꼈다.

남자들이 주의할 게 있다. 남자는 여자보다 시각적으로 민감하다. 그래서 이성의 외모가 자신의 무의식 속에 내재된 평가의 기준에 부합하는 순간 호감도가 급상승한다. 문제는 그 호감도를 하나님의 뜻으로 확신한다는 것이다. 누가 봐도 괜찮은 자매에게 생긴 좋은 감정을 하나님의 섭리라느니, 계획된 만남이라느니, 운명이라느니 하면 안 된다. 처음 본 순간 어떤 여성에게 끌렸는가? 끌린 남성이 당신 말고 30명이나 더 있다는 사실을 기억하시라. 하나님 앞에 정직해야 한다.

한 가지만 더 말하겠다. 인기 많은 자매가 반드시 좋은 자매는 아니다. 태생적으로 이성에게 어필할 만한 매력적인 요소를 갖추었을 뿐이다. 경험적으로 어떻게 하면 이성이 좋아하는지를 알 뿐이다. 물론 좋은 자매일 확률이 높은 것도 사실이다. 판단은 당신 몫이다.

감정에 앞서 이성의 영역으로 상대를 판단하라. 감상에 젖어 현실적인 요소를 무시하면 안 된다. 누군가를 좋아하면 감정의 지배를 받는다. 감정은 뇌를 통제해 이성적인 판단이 흐려지게 한다. 그래서 누군가를 보자마자 좋아하게 되었다면, 상대를 파악하기에는 이미 늦었다. 무엇을 해도 좋아 보이기 마련이니.

한 여자가 남자를 좋아했다. 그래서 교제했다. 알고 보니 나쁜 남자였다. 어떡할 것인가. 이미 좋아해서 마음을 뺏겼는데. 알고 보니 뭔가 이상한 남자였다. 어떡할 것인가. 이미 감정이 자신을 통제하는데. 감정은 늘 있는 것이 아니다. 언젠가는 사라지고 이성만 남는다. 감정의 지배를 받을 때는 상대의 약점도 감당할 수 있다. 그러나 그 감정이 사라지는 순간 보이는 건 현실이다. 남는 건 후회와 눈물뿐이다.

누군가를 보면 설레고 흥분되는 건 호르몬 작용 때문이다. 자세한 건 생략하겠다. 나보다 잘 아실 것이니. 호르몬의 분비가 감소하면서 커지는 건 감정이 아닌 현실이다. 상대의 약점이 보이기 시작한다. 내가 정말 감당하기 힘든 상대의 허물이 보인다. 그래서 결국 헤어진다. 따져봐야 한다. 이 사람과 앞으로 살게 될 날을 생각했을 때, 내가 겪어야 할 문제를 생각해야 한다. 그 문제를 감당할 수 있을 것 같으면 결혼을 고려하나, 지금의 감정이 사라졌을 때 의연할 수 없다면 고민해야 한다. 낭만에 빠져 현실적인 요소를 무시하는 어리석음을 범하지 마시라.

내 생각에, 가장 이상적인 것은 공동체에서 함께 동역하던 지체와의 만남이다. 처음부터 감정이 생긴 건 아니나, 오랫동안 보면서 상대 안에 있는 하나님을 보게 되는 것이다. 그 안에 있는 하나님을 사랑하는 마음, 다른 사람을 섬기는 태도, 온유한 성품, 밝은 성격 등이 드러나면서, 자기 안에 서서히 상대를 향한 호감이 생겨난다. 순서가 중요하다. 이성적으로 판단했을 때 괜찮은 사람이었는데, 그 사람을 향한 감정이 생겨나는 것이다. 감정적으로 좋아했는데 알고 보니 더 좋은 사람이더라? 이런 걸 대박이라고 한다. 좀 더 거룩한 표현을 쓰면 은혜라고 한다. 그러나 드물다. 괜히 모험하지 마시라. 이런 사람은 내가 아닌 다른 사람에게도 이미 인기 있는 사람이기에.

남성들이여, 인기 있는 이성을 찾지 말고 숨은 진주를 찾으시라. 여성들이여, 그 인기에만 만족하지 말고 그 인기에 부합한 영성과 실력을 갖추시라. 당신은 할 수 있다. You can do it!

오해3: 정해 주신 배우자가 있다

결론부터 시작하자. 정해 주신 배우자는 없다. 미혼의 많은 남녀가 이 잘못된 원리에 매여 금식하며 기도한다. 금식하면 배만 고플 뿐, 배우자가 저절로 내게로 오는 건 아니다.

간단하게 증명해 보겠다. 결혼한 사람들을 보시라. 만약 그들이 서로 하나님께서 정해 주신 배우자라면 갈라서는 일은 없을 것이다. 2019년도 우리나라의 조이혼율(천 명당 이혼 건수)은 2.2명이다. 조혼인율이 4.7명이니 한 해에 결혼한 절반의 부부가 이혼한다는 말이다. 이중 그리스도인 가정의 비율이 얼마인지는 알 수 없으나, 분명한 건 이들 역시 포함한다는 사실이다. 하나님이 정해 주신 배우자를 잘못 분별했기 때문이라고 생각하는가? 그렇다면 불화가 있는 가정이 모두 하나님 뜻을 잘못 분별한 결과인가? 아니다.

> 집과 재물은 조상에게서 상속하거니와 슬기로운 아내는 여호와께로서 말미암느니라 _ 잠 19:14

많은 이들이 이 말씀을 붙들고 기도한다. 슬기로운 아내를 여호와께서 주신다니, 그야말로 매력적인 약속이다. 집과 재물은 조상에게서 상속받을 수 있다. 그러나 슬기로운 아내는 상속으로는 불가능하다. 여호와께서 주셔야 한다. 하나님께서 정해 주신 배우자가 있다는 말이 여기서 나왔다. 그런데 이걸 어쩌랴. 그런 뜻이 아닌 걸.

또다시 간단하게 증명해 보겠다. 결혼해 보니 아내가 슬기롭다. 그럼 하나님께서 주신 배우자인가? 살아보니 좀 이상하다. 그럼 자기가 결정한 배우자인가? 전혀 그렇지 않다. 현숙하든 그렇지 않든 당신이 함께 살아야 할 배우자다.

그렇다면 배우자를 위해 기도할 필요가 없는가? 그렇지 않다. 더욱 기도해야 한다. 하나님의 지혜를 구해야 하기 때문이다. 정해 주신 배우자는 없으나, 하나님께서 기뻐하시는 배우자는 있다. 둘의 차이는 분명하다. 하나님은 인격적인 분이다. 일방적으로 정해 주시지 않고 우리의 선택과 자유의지를 존중하신다. 당신이 호세아가 아닌 이상, 고멜처럼 정해 주시는 경우는 극히 드물다.

> 이는 한 아기가 우리에게 났고 한 아들을 우리에게 주신 바 되었는데 그의 어깨에는 정사를 메었고 그의 이름은 기묘자라, 모사라, 전능하신 하나님이라, 영존하시는 아버지라, 평강의 왕이라 할 것임이라 _사 9:6

한 아기, 즉 한 아들을 우리에게 주셨다고 한다. 예수 그리스도시다. 그의 이름이 "기묘자" "모사"라고 한다. 개역개정 성경에서는 이 두 이름을 따로 번역했으나 새번역, 공동번역 그리고 영어 성경 등에서는 한 단어로 번역했다. '놀라우신 조언자' '탁월한 경륜가' 'Wonder Counselor' 등이 그것이다. 즉, 예수님이 우리의 탁월한 상담가가 되신다는 말이다.

당신에게 어려움이 닥치면 누구를 찾아가는가? 해당 분야의 전문가를 찾아간다. 귀가 아픈데 치과를 가지는 않는다. 결혼할 나이가 되어 이성을 사귀면 누구에게 인사시키는가? 부모님을 찾아뵙는다. 부모님은 나보다 살아온 연륜이 있다. 내가 보지 못하는 상대의 장단점을 보는 안목이 있다. 그러니 어른의 조언을 듣는 것도 도움이 된다. 그러나 해당 분야의 전문가라 할지라도, 완벽한 조언을 줄 수는 없다. 단, 유일하게 백 퍼센트 정확한 조언을 줄 수 있는 분이 있다. '놀라우신 조언자' '탁월한 경륜가'이신 예수님이다.

그렇다면 배우자를 위해 기도하는 청년들이 해야 할 기도는 무엇인가? 하나님의 지혜와 조언을 구하는 것이다. 구체적으로 어떻게 기도할 수 있을까? 다음 장에서 알려주겠다.

03
배우자 기도는
곧 나를 바꾸는 기도

구체적으로 기도하지 말고,
그 기도에 어울리는 사람이 되라

귀에 못이 박이도록 들었을 것이다. "바다에 갈 때는 한 번 기도하고, 전쟁터에 나갈 때는 두 번 기도하고, 결혼할 때는 세 번 기도하라"는 말이다. 러시아 격언이다. 결혼이 힘들고 중요한 일인 만큼 신중에 신중을 기하라는 말이다.

내가 20대 초반이었을 때, 모 교회 목사님께 내 인생에 중요한 말을 들었다. 청년 때부터 배우자를 위해 기도하되, 일찍 하면 할수록 좋다는 말이었다. 난 사실 청년 때부터 배우자를 위해 기도해야 한다고는 생각하지 못했다. 머리를 한 대 얻어맞은 것 같은 충격이었다. 배우자를 위한 기도야 결혼할 나이가 되면 자연스럽게 하게 되는 줄 알았다.

문제는 배우자를 위해 기도해야 하는 건 아나, 대체 무엇을 어떻게 해야 할지 몰랐다. 난 목사다. 직업병 탓일까, 지금껏 수많은 이성교제 강의를 듣고, 관련 서적을 섭렵했다. 알아야 가르치니. 그러나 그 어디에서도 속 시원하게 가르쳐주는 이가 없었다. 기도의 당위성만 강조하지 구체적으로 어떻게 기도해야 하는지를 알려주는 이는 솔직히 보지 못했다.

우연히 배우자를 위해 기도한 예를 찾을 수 있었다. 들어보았을 것이다. 구체적으로 기도하란다. 그래서 주위들은 대로 기도했다. 첫째는 어떠하고, 둘째는 또 어떠하고, 내가 머리숱이 별로 없으니 숱 많은 자매를 달라고 기도하고…. 기도가 응답됐는지, 지금껏 아내만큼 머리숱 많은 여자를 본 적이 없다. 파마 한번 하려면 헤어디자이너 선생님이 죽으려고 한다.

그렇다. 이것이 배우자를 위해 기도한다는 젊은이들의 모습이다. 그러고는 리스트를 작성한다. 그것도 아주 구체적으로. 그런 뒤 책상 책꽂이에 있는 어느 책에 꽂아둔다. 결혼 후 책을 정리하다 우연히 리스트를 발견한다. "할렐루야!"를 외친다. 구체적으로 작성한 리스트대로 정확하게 응답되었기 때문이다. 그래서 배우자를 위해 구체적으로 기도해야 한다는 책이 베스트셀러가 된다.

그땐 순수하게, 아니 순진하게 나도 구체적으로 기도해야겠다고 생각했다. 결혼한 지금 시점에서 그때를 돌아보니, 얼마나 유치하고 이기적인 기도인지 알게 되었다. 하나님께서 얼마나 황당하셨을까. 웃음이 절로 나왔다.

우리 인생이 늘 이렇다. 내가 좋은 사람이기 전에 좋은 사람을 만나게 해달라고, 그것도 구체적으로 기도만 한다. 그보다 우선 내가 상대에게 어울릴 만한 사람으로 변화되고 다듬어져야 한다. 그런데 '나'라는 사람의 신앙과 인격은 전혀 신경 쓰지 않는다. 그러면서 첫째는 3대째 신앙을 이어가는 독실한 기독교 집안이요, 둘째는 경제적으로 넉넉하여 우리 부부에게 손 내밀지 않는 부유한 집안이요, 셋째는 안정된 직장에서 연봉 8천 이상을 받는 사람이요, 넷째는 또 어쩌고저쩌고. 이런 기도를 들으시는 하나님께서 말씀하신다. "너는 과연 그렇게 기도하는 사람에게 어울릴 만한 사람이니?"

우리의 기도가 얼마나 비인격적이고 이기적인지 모른다. 열 가지 이상이나 되는 구체적인 기도 조건에 맞는 사람을 만나고 싶다면, 나 역시 상대의 열 가지 조건에 맞는 사람이 되어야 한다. 서로 원하는 구체적인 조건이 딱 맞아야 한다. 이게 가능할까? 내가 볼 땐 불가능하다. 하나님께는 불가능이 없다고? 그렇다. 하나님께 불가능은 없다. 그러나 거절하시는 건 있다. 아니면 기도제목을 수정할 때까지 침묵으로 일관하시든가.

생각해 보시라. 내가 준비되어 있지 않다면 나를 만나는 사람은 어떠하겠는가? 상대로서는 준비되어 있지 않은 나를 만나는 셈이다. 나만 좋은 사람 만나면 그만인가? 그렇지 않다. 서로 좋은 사람을 만나야 한다. 그러면 어떻게 해야 하는가? 먼저 내가 좋은 사람이 되어야 한다.

지금 당장 당신의 리스트를 점검해 보시라. 그리고 찢어버리라. 내가 먼저, 만나게 될 배우자에게 적합한 사람이 되게 해달라 기도하라.

형제자매여, 이것을 명심하라

앞장과 이번 장에서 이미 많은 것을 쏟아내었다. 그래도 모르는 당신을 위해 추가로 몇 가지 팁을 주겠다.

남자들이여, 여자의 얼굴만 보지 마시라. 잘 읽어야 한다. 얼굴을 보지 말라는 게 아니라, 얼굴'만' 보는 걸 하지 말라는 것이다. 하나님은 중심을 보시나 사람은 외모를 본다고 하지 않았던가. 얼굴만 예쁘면 결혼 후에도 모든 게 용서될 것 같은가? 예쁜 아내는 용서가 되어도, 그 아내를 택한 당신 자신은 용서하기 힘들 것이다. 예쁜 얼굴의 기준은 없다. 모두에게 예쁠 필요 없다. 내 눈에만 예쁘면 된다. '그'가 아닌 '내' 마음만 설레게 할 외모면 충분하다.

여자들이여, 남자의 능력만 보지 마시라. 역시 잘 읽어야 할 것이다. 능력을 보지 말라는 게 아니다. 능력'만' 보는 걸 하지 말라는 것이다. 돈 잘 벌고 능력만 있으면 결혼 후에도 행복할 것이라 생각하는가? 그 돈과 능력을 다른 여자에게 사용한다면 어쩔 것인가?

모두에게 좋은 사람은 없다. 신앙과 인격이 좋기로 소문난 형제와 자매가 교제했다. 모두 대박이라 했다. 좋은 사람끼리 만났으니 이제 열방의 구원이 시작되었다고 믿었다. 그런데 얼마 못 가 헤어졌다. 의아했다. 그때 깨달았다. 모두에게 좋은 사람은 없다는 것을. 좋은 사람이 좋은 게 아니라, 내게 좋은 사람이 좋은 것이다. 완벽한 조건을 갖춘 상대를 만날 필요는 없다. 내게 좋으면 된다. 남에게 좋은들 무엇하랴. 내게 나쁜 사람이라면 아무 소용없다.

구체적으로 말해 보겠다. 먼저 자매들이여, 기도하는 가운데 상대가 괜찮은 사람인지 아닌지를 먼저 분별하기 바란다. 어떤 사람인지가 내 감정보다 우선이다. 앞장에서 지겹도록 말했다. 감정이란 것은 있다가도 없어지고 없다가도 생긴다. 그러나 사람 됨됨이는 쉽게 바뀌지 않는다. 그래서 사람이 감정보다 우선이다. 형제보다 자매에게 이 권면이 좋은 이유는, 자신의 감정 변화에 유리하기 때문이다.

흔히 여자의 마음은 시간에 비례해서 열린다고 한다. 어디서 들은 것처럼 말하는 건 당연하다. 난 여자가 아니니. 그래서 맞는지 모르겠지만, 맞을 것이다. 수많은 자매 청년들을 경험한 결과, 어쨌든 그렇단다. 처음엔 어떤 형제에게 마음이 없었으나, 그 형제가 가랑비에 옷 젖듯 조금씩 잘해 주면 잘해 줄수록 그 형제를 향한 마음이 생겨난다. 혹은 어느 한순간 크게 감동하면 없던 감정이 생기기도 한다. 그러니 내 이상형, 내 스타일, 내 감정을 따지기 전에, 먼저 그 사람이 좋은 사람인지를 분별하시라. 그리고 그 형제의 마음을 얻기 위해 노력하시라.

물론 노력해도 그 형제가 당신에게 매력을 느끼지 못할 수도 있다. 기도한다고 되는 것도 아니다. 하나님은 인격적인 분이시다. 그래서 우리 감정을 마음대로 좌지우지하지 않으신다. 기도한다고 상대에게 없던 날 향한 감정이 생겨나지 않는다. 상대의 마음을 얻는 것은 누구의 몫인가? 당신 몫이다. 하나님께서 나를 괜찮은 사람으로 보증해 주신들, 상대가 내게서 매력을 느끼지 못하면 그의 마음을 얻기란 어렵다. 그러므로 첫째는 분별이요, 둘째는 형제의 마음을 얻을 수 있는 당신만의 매력을 계발하시라. 그 매력이 외모든 성격이든 신앙이든 인격이든 그 무엇이든 간에.

이제 형제들이여, 그대들은 까다로운 존재들이다. 여자에게는 '하더라'로 말했으나, 나는 남자니 거침없이 '하다'로 우리의 정체를 적나라하게 밝히겠다. 남자는 지금까지 살아오면서 자신 안에 내재되어 있는 나름의 평가기준이 있다. 그래서 처음 여자를 보는 순간, '얘는 몇 점, 쟤는 몇 점' 하며 점수를 매긴다. 이것은 능력이나 외모 등을 평가하는 부정적인 점수가 아니다. 내 감정이 출발하는 숫자를 의미한다. 여자는 0점에서 감정이 출발하나, 남자는 처음 본 순간 평가했던 그 점수가 감정의 출발점이 된다.

여자는 시간에 비례해 마음의 문이 열리기에, 마음에 없던 남자에게도 점수가 쌓이면 좋아하는 마음이 생길 수 있다. 언젠가는 남자가 좋아하는 감정 이상으로 여자의 감정이 앞설 수도 있다. 상대보다 내가 좋아하는 마음이 커지다 보니 "자기 나 좋아해?" 하며 끊임없이 확인하는 것이리라. 결국 자신을 향한 남자의 마음을 유지하려고, 결혼 전 해서는 안 되는 행동도 서슴지 않는다. 조심해야 한다.

반면 남자는 처음부터 점수가 정해져 있다. 남성은, 여성과 비교해 시각적으로 민감하다. 그래서 대부분 여성의 외모를 먼저 본다. 어떤 남자라도 예외는 없다. 물론 지극히 거룩하여 그렇지 않은 남자도 있을 수 있겠지만. 그 외모에서 풍겨 나오는 매력으로 감정의 점수가 정해진다. 여기서 외모란 얼굴만을 말하는 게 아니다. 앞서 누차 이야기했듯 내면이 아닌 성격, 목소리, 헤어스타일 등 겉으로 드러나는 모든 것을 지칭한다. 그러나 여자와 달리, 남자가 처음부터 상대에게 매력을 느끼지 못했다면 이성의 노력에도 불구하고 감정이 상승하기 어렵다.

이것을 누군가는 더하기와 곱하기로 비유했다. 적절한 비유다. 여자는 더하기 사랑을 하기에 0에서 출발해도 상대의 반응에 따라 1점씩 상승한다. 그러나 남자는 곱하기 사랑을 하기에, 상대의 매력점수가 0이었다면 그 어떤 수를 곱해도 0이다. 감정의 출발점이 0인 여성이 계속 들이대면, 호감이 아닌 반감이 극대화된다. 이것이 심해지면 상대를 무서워하게 된다. 아, 안타깝도다. 아쉽지만 자매들이여, 이것이 진실이다.

그러나 남성에게 여성의 매력점수가 최소 1이라도 있다면 가능성이 있다. 어느 한 모습만으로도 호감도는 급상승한다. 심지어 내재된 평가기준에서 우위를 차지하는 헤어스타일 하나로도 감정의 점수가 확 오를 수 있다. 헤어스타일에 평가된 점수가 50이었다면, 꼭 맞는 헤어스타일을 본 순간 감정은 1에서 순간적으로 50이 된다. 해볼 만하지 않은가. 이것이 곱하기의 힘이다. 그리고 이것이 남자다. 남자는 까다롭다. 그러나 단순하다.

그러니 이제 형제들에게 권면한다. 내게 이성적으로 어필할 수 있는 최소한의 매력이 있는 사람을 선택하시라. 처음부터 60점,

70점의 자매일 필요는 없다. 1점만 있어도 된다. 그런 뒤 기도하는 가운데 상대가 하나님께서 원하시는 사람인지를 분별하라. 이것이 첫 번째다.

그리고 두 번째는 자매와 마찬가지로 당신의 매력을 계발하라. 아무리 하나님께서 원하시고 기뻐하신들, 상대가 내게 매력을 느끼지 못하면 만남은 이루어질 수 없다. 형제와 자매 모두에게 '분별'이 공통점이다. 이후 상대를 향한 내 '감정'을 점검하라. 분별은 기도로 하나 감정은 매력으로 이끌어낸다. 좋은 사람에게 좋은 감정이 있다면 최상이다. 그러나 반대는 불가능하다. 좋은 사람이 아닌데 좋은 감정이 있다면, 감정이 사라진 후에는 반드시 후회만 남을 뿐이다.

나는 대학교에 들어가 선교단체를 통해 예수님을 영접했다. 모든 게 신기했다. 특히 하나님의 성품과 기도에 대해 잘 몰랐던 때라 선배들의 가르침에 귀 기울였다. 한번은 선배 중 하나가 내게 말했다. "만약에 좋아하는 자매가 생기면 이렇게 기도하면 돼." 정신이 번쩍 들었다. 당시 이성교제가 초미의 관심사였다. 그랬던 내게 선배의 말은 복음 중 복음이었다. 귀를 쫑긋 세우고 선배의 말에 집중했다. "하나님, 그 자매의 마음이 제 마음과 동일하게 해주시옵소서." 세상에나, 이건 완벽한 기도였다. 당시 초신자였던 내 머리로는 도저히 상상할 수 없는 기도제목이었다. 자매의 마음이 내 마음과 같아진다는 게 무슨 말인가? 내가 그 자매를 좋아하는 마음처럼, 그 자매 역시 날 좋아하게 해달라는 뜻이렷다. 어떻게 이렇게 시적으로 아름답게 기도할 수 있는지, '역시 신앙의 연륜이 있는 선배는 기도가 다르구나' 생각했다.

그러던 어느 날, 내게도 좋아하는 자매가 생겼다. 순진했던 나는 선배의 말을 기억하고는, '그래, 드디어 내게도 올 것이 왔다. 이제 이 마법의 기도주문을 외울 때가 됐구나' 생각했다. "하나님, 제발 그 자매의 마음이 제 마음과 동일하게 해주시옵소서." 아, 이걸 어쩌랴. 내 마음과 동일하게 해달라고 간절히 기도했던 그 자매, 결국 내 친구의 마음과 동일하게 되어서는 내 눈에 피눈물을 흐르게 했다. 그래서 깨달았다. '아, 하나님은 기도한다고 해서 사람의 감정을 마음대로 좌지우지하시는 분이 아니구나.' 그 당시의 가슴 아픈 기억은, 강제로 하지 않으시는 하나님의 인격적인 성품을 배울 수 있는 아주 좋은 계기가 되었다.

그러니 형제자매들이여, 기도하시라. 그리고 상대의 마음을 얻을 수 있도록 노력하시라. 이 책을 덮은 후로, 기도하던 상대와 교제하는 기쁨을 누릴 수 있기를 응원한다.

특급공개: 배우자를 위한 기도, 이렇게 하라!

당신은 어쩌면 서점에서 책을 훅 넘기다 이 장을 먼저 폈을지도 모른다. 답만 확인하고 바쁜 걸음을 옮기려는 당신을 위해 결론부터 말하고 싶으나, 여유를 갖고 좀 더 읽어보시라. 이 장의 엑기스인데 쉽게 얻으면 되겠는가.

사람은 기본적으로 자기 마음에 드는 이를 좋아한다. 자기 이상형에 맞아야 한다. 좋아하는 얼굴, 머리 모양, 성격, 직업, 신앙 유형 등. 이런 것이 배우자를 결정하는 데 중요한 기준이 된다. 결국 자기의 지혜로 배우자를 선택한다. 이것이 치명적인 실수다. 자기 지혜와 이상형으로 만난 것을 현명하게 잘 선택했다고 착각한다. 그런데 그렇지 않다. 하나님의 지혜가 개입되지 않으면, 그 어떤 선택도 지혜로울 수 없다.

반복해서 강조하지만, 하나님이 정해 주신 배우자는 없다. 가끔 연륜 있는 분들이 하는 말이 있다. 우리 머리 위로 보이지 않는 줄이 내 짝과 연결되어 있다고. 그래서 언젠가는 서로 만난단다. 상상해 보았다. 지구상에 약 78억 인구, 아니 지구까지 갈 필요도 없다. 대한민국 약 5천2백만 인구 중 미혼남녀의 머리 위로 줄이 있다. 그 줄이 꼬여서 그것 풀다가 나이 먹는 사람 수도 없이 봤다.

> 그런즉 이제 둘이 아니요 한 몸이니 그러므로 하나님이 짝지어 주신 것을 사람이 나누지 못할지니라 하시니 _마 19:6

하나님이 짝지어 주셨다고 한다. 여전히 백마 탄 왕자와 잠자는 숲속의 공주를 기다리는 이들이 위로받는 말씀이다. 그런데 이를 어쩌랴. 여기서 '짝'은 하나님이 정해 주셨다는 의미가 아니니 말이다. 이것은 결혼의 고귀함을 의미한다. 결혼은 하나님께서 짝을 지어주신 것처럼 고귀한 것이다. 그러니 함부로 갈라서는 일이 있으면 안 된다는 의미다. 물론 사정에 따라 갈라서는 일이 있을 수 있다. 그렇다 할지라도 신중하게 생각하고 결정해야 한다. 헤어지는 것을 가벼이 여기면 안 된다.

'짝지어 주셨다'는 헬라어 원어로 '결합하다'라는 뜻이다. 하나님께서 강력하게 결합해 놓으셨기에 사람이 임의로 뗄 수 없다. 강제로 떼면 치명상을 입는다. 즉, 결합의 의미이지 예정의 의미가 아니다. 한 가지 의문이 생긴다. 하나님께서 정해 놓으신 게 아니라면 누가 정하는 것인가? 배우자는 내가 직접 선택하는 것이다.

개인적으로 우려하는 부분이 있다. 이성교제나 결혼에 대해 시중에 나와 있는 책들과 SNS상에 돌아다니는 내용이 그것이다. 하나님이 예비해 놓으신 배우자가 있다고 한다. 하나님이 정하신 배우자를 만나면 그 사람에게서 매력을 느끼게 되어 있단다. 사람마다 배우자가 될 사람에게만 반응하는 매력을 심어 놓았단다. 이런 신학적으로 전혀 검증되지 않은 내용이 버젓이 SNS 공간에 돌아다닌다. '좋아요!'를 눌러 친구에게 공유한다. 미신 같은 글들이 일파만파 퍼져나간다. 이에 지극히 온유하고 겸손하고 인격적이신 하나님의 성품을 오해하게 된다. 심각하다. 내가 누군가를 좋아한다고 해서 그 사람이 하나님이 기뻐하시는 사람은 아니다. 그저 내 이상형에 가까울 뿐, 그것이 그 사람에게서 느끼게 된 매력이나 반응은 아니다.

정해진 배우자는 없으나 하나님께서 기뻐하시는 배우자는 있다. 하나님의 절대적인 판단력으로 각 사람에게 추천하시는, 가장 적합한 배우자가 있다. 어떻게 찾을 수 있는가? 그래서 기도해야 한다. 이제 배우자를 위한 기도를 공개하려 한다. 귀를 잘 기울이기 바란다. 아니 눈을 잘 떠야 하나. "하나님의 시각과 안목으로 상대를 바라볼 수 있는 지혜와 판단력을 주옵소서." 이렇게 기도하시라. 언제부터? 이 글을 읽는 순간부터.

미혼의 때는, 하나님이 더 원하시는 배우자를 찾는 과정이다. 표현에 집중하시라. 더 원하시는 배우자다. 하나님이 더 원하시고, 더 기뻐하시고, 더 마음에 들어하시는 배우자를 찾는 과정이다. 이런 배우자를 찾기 위해 끊임없이 내 매력을 계발해야 한다.

하나님이 판단하시는, 내게 가장 이상적인 배우자를 100이라고 해보자. 살면서 이런 100점짜리 배우자를 만날 수 있을까? 불가능하다. 전 세계 78억 인구 중에 내게 100점인 배우자가 누구인지 하나님은 아시나, 만나는 것은 불가능하다. 미국에 있을 수도 있고, 북한에 있을 수도 있다. 이제 갓 태어난 아기일 수도 있고, 조선시대 사람일 수도 있다. 말도 안 되는 유치한 소리 같지만 사실이다. 그러므로 내가 살고 있는 지금 이 세대와 이 민족, 그리고 내가 관계하고 있거나 만나고 있는 사람 중에서 하나님 마음에 가장 근접한, 바로 더 원하시는 배우자를 찾아야 한다. 범위가 지극히 제한되어 있어 생각보다 상대의 점수가 높지는 않을 것이다. 50점 이상은 해외에 있거나 아직 태어나지 않았을 수도 있다. 아니면 이미 천국에 있거나. 지금 만나는 상대는 50점이 채 안 될 것이다. 많이 싸울 것이다. 의견 다툼도 있을 것이다. 당연하다. 지극히 정상이다. 그러니 서로 이해하고 배려하라. 사랑하고 섬기시라. 그것만이 행복하게 사는 길이다. 어쩌면 그것이 하나님의 뜻이리라. 이 중차대한 사명을 위해 무엇이 필요한가? 바로 하나님의 지혜와 판단력이 절대적으로 필요하다.

　성령으로 충만하지 못하면, 순간순간 내 욕심과 정욕이 판단을 지배한다. 결국 내 눈에 맞는 사람을 택하게 된다. 반대로 성령으로 충만하면 하나님의 지혜가 내 판단을 지배한다. 그래서 다른 사람은 보지 못하는 숨은 진주를 발견하게 된다. 성령으로 충만하면 거룩한 삶을 살게 된다. 날마다 하나님과의 교제에 힘쓰고, 주께서 말씀하시는 것에 순종한다. 하나님의 지혜가 내 판단을 지배하면, 어떤 누군가를 볼 때 마음속에 '이 사람이다!'라는 확신이 생긴다. 성령으로 충만하지 않을 때는 함부로 선택하지 말라. 그때 당신의 판단력은 흐려져 있는 상태다. 기도보다 앞서지 말고 성령보다 앞서지 마시라.

형제자매들이여, 블루오션의 이성을 공략하시라. 인기 많아 경쟁이 치열한 사람이 아닌, 당신에게 가장 적합한 숨은 진주를 찾는 은혜가 있기를 바란다. 진심으로!

이제 배우자를 위한 기도를 공개하려 한다.
"하나님의 시각과 안목으로 상대를 바라볼 수 있는
지혜와 판단력을 주옵소서."

누구도 시원하게 답해 주지 못한
질문에 답하다

Part 3
•
자주 걸려 넘어지는
미신과 율법

01
미신은 '혹시', 율법은 '찝찝함'

신앙고백을 강요하면 율법이다

사람에게는 저마다 신앙고백이 있다. 어떻게 형성된 건지는 알 수 없다. 자라온 환경 때문일 수도 있고, 처음 접했던 신앙교육 때문일 수도 있다. 그것이 무엇이든 신앙을 고백한다는 건 아름다운 일이다.

오래전 김우현 PD가 '팔복' 시리즈를 제작했다. 그중 첫 등장인물이 맨발의 천사라 불리는 최춘선 할아버지다. 영화정보에 따르면, 그는 해방 후 김구 선생과 함께 귀국한 독립운동가다. 몇십만 평 땅부자였지만, 일본 유학 중 가난한 사람들에게 무상으로 땅을 나누어주었다. 그런 그가 맨발로 지하철을 다니며 전도했다. 광신자로 보였을지 모르지만, 통일되면 신발을 신겠다던 애국자요 신실한 그리스도인이었다. 그의 신앙고백은 참으로 아름다웠고, 그의 영상은 큰 감동을 주었다. 나는 맨발로 전도할 마음이 없다. 그리고 할아버지도 다른 이에게 '맨발전도'를 강요하지 않았다.

내가 아는 한 목사는 토요일에는 영화를 보지 않는다. 이유를 물었더니 토요일은 주일을 준비하는 거룩한 날이기 때문이란다. 그래서 가능하면 세상 문화와 접촉하기를 절제하고, 말씀을 묵상하고 기도하면서 주일을 준비한다고 했다. 그 신앙고백은 참으로 아름답다. 난 토요일에 영화를 금할 마음이 없다. 그리고 그는 다른 이에게 토요일 '문화절제'를 강요하지 않았다.

신앙고백은 자신에게만 적용하고 지킬 때 아름답다. 남에게 강요하는 순간 더는 신앙고백이 될 수 없다. 율법적인 의(義)가 된다. 신앙고백과 율법적인 의의 기준은 분명하다. 기억하시라. 남에게 그것을 강요하느냐 강요하지 않느냐 하는 것이다. 한 가지 덧붙이면, 내 신념대로 상대가 행하지 않을 때, 내 마음에서 그를 무시하는 마음이 든다면 율법적 의에 빠진 것이다. 아름다운 신앙적 행위와 절제는 말 그대로 신앙적인 고백이 되어야 한다. 율법적인 의가 되는 순간 하나님은 기뻐하지 않으신다. 나중에는 자기의 고백이 마치 모든 그리스도인의 정체성이라도 되어야 할 것처럼 남을 비판하고 정죄한다. 나만이 거룩한 그리스도인이라 착각하는 것이다. 교만한 인생이요, 불쌍한 인생이다.

한국 교회는 하나님의 복을 받았다. 복음을 받아들인 나라가, 이제는 밖으로 복음을 전하는 나라가 되었다. 신앙 선배들의 신앙 열정은 타의 추종을 불허한다. 금식을 서슴지 않고, 새벽기도회, 수요기도회 그리고 금요기도회를 빠지지 않는다. 주일성수는 기본 중 기본이요, 모든 공예배에 빠지는 일이 없다.

안타깝게도 이런 신앙 열정이 '의'와 '교만'을 부추기는 데 일조했다. 주일성수하는 사람은 주일 직장인을 정죄한다. 한 시간 기도하는 사람은 30분도 채 기도하지 않는 사람을 정죄한다. 겉으로 드러내지는 않으나 마음에서 그렇게 한다. 새벽기도를 드리는 사람은 새벽을 깨우지 못하는 사람을 정죄한다. 말로는 "얼마나 피곤하시겠어요?" 하나, 속으로는 '기도도 하지 않는 사람이 무슨 그리스도인이야?'라며 정죄한다. 큐티를 하는 사람은 그렇지 않은 사람을 정죄한다. 성경통독을 하는 사람은 성경일독을 하지 않은 사람을 정죄한다. 겉으로는 이해하는 척하나 속으로는 그렇게 살면 안 된다고 생각하면서. 하나님은 중심을 보신다. 정확하게 꿰뚫어 보신다. 그러니 하나님을 속이지 마시라.

미신은 '혹시', 율법은 '찝찝함'

　자신의 신앙고백 행위가 하나님을 사랑하는 마음에서 나왔을지라도, 그 행위가 자기의 자유를 제한하면 율법이 된다. 신앙고백 행위가 자신에게 율법적인 의가 되었는지 아닌지 어떻게 알 수 있을까? 한 단어로 표현해 보겠다. '찝찝함'이다. 신앙고백적인 행위를 하지 않았을 때 '찝찝함'이 생긴다면, 그것은 더는 신앙고백이 아니다. 자기의 신앙고백이 자기의 자유를 제한한다면 더는 신앙고백이 아니다. 이미 당신의 율법이 된 것이다.

　내가 군대를 제대한 후 공동체 지체들이 붙여준 별명이 '돌아온 김 집사'였다. 별명에서 느껴지시리라. 신실한 아저씨였다는 뜻이다. 무더운 여름날 수련회를 하는 동안, 낮에는 반바지였어도 집회 때는 긴바지를 입었다. 양말은 필수다. 다리에 쥐가 나도 펴는 일은 없었다. 하나님께 드리는 예배에 쥐가 난다고 어찌 감히 다리를 펼 수 있단 말인가. 다리를 펴서 주물러야 정상이나, 내게는 '찝찝함'이 있었다. 하나님이 기뻐하지 않으실 거란 생각에 스스로 나를 옥죄었다. 예배 때는 옷을 바르게 입고 바른 자세로 드려야 한다는 신앙고백적 행위가 이미 내 율법이 되었던 것이다.

　돌아온 김 집사의 신앙행위는 신학대학원에 입학해서도 빛을 발했다. 매주 화요일부터 금요일까지 있는 채플에 한 번이라도 빠졌을까? 짐작한 대로 '네버'(NEVER). 빠지면 무슨 일이라도 생길 것 같은 '찝찝함'이 있었다. 1학년 때는 단 한 번도 빠진 적이 없다. 이런 걸 '개근'이라고 하나. 예배 개근. 그게 나다. 몸이 아파도, 과제가 밀려도, 급한 일이 있어도 네버. 비가 오나 눈이 오나 네버. 그러면서 빠지는 이들을 보며 부러워했다. 생각했다. '난 왜 채플을 빠지지 않는 것일까?' 결론은 하나였다. 불안했다. 그냥 불안했다. 그 불안이 나를 자유롭지 못하게 했다.

오해하지 말고 들으시라. 이대로 살면 안 된다는 생각에, 2학년 때는 일부러 한두 번씩 빠졌다. 그런데 빠질 때마다 놀라운 일이 벌어졌다. 잘 들으시라. 세상에나. 아무 일도 일어나지 않았다. 정말로 아무 일도. 그러자 내 마음에 변화가 생겼다. 자유함이 생겼다. 채플 빠지는 다른 이들을 정죄하지 않게 되었다. 이것이 내 율법이었음을 깨닫게 되었다. 놀라운 변화였다. 자, 그렇다고 나를 따라 일부러 예배에 빠지지는 마시라. 그러나 나와 같은 이유라면 딱 한 번만 따라해 보시라. 아무 일 일어나지 않는다는 것을 스스로 경험해 보시라. 딱 한 번이다. 두 번이 세 번 되고 세 번이 네 번 되니 말이다. 음, 내가 너무 좋은 것(?)을 알려줬나 하는 생각에 염려가 된다.

당신의 신앙행위가 자유를 제한한다면 차라리 멈추시라. 자유함이 찝찝함에 머무는 행위보다 신앙적이고 신학적이니 말이다.

이제 미신을 살펴보겠다. 미신과 율법은 비슷한 듯 하나 서로 다르다. 많은 이들이 여전히 제사음식 먹는 것을 꺼리는 것을 보았다. 문제는 왜 꺼리는지 그 이유를 모른다. 성경적 근거가 없는 것을 맹목적으로 믿는다. 그냥 먹으면 안 될 것 같은 생각이 있다. 귀신이 먹은 음식이라 안 된다고 생각하나.

또 두 번째 소리가 있으되 하나님께서 깨끗하게 하신 것을 네가 속되다 하지 말라 하더라 _ 행 10:15

내가 주 예수 안에서 알고 확신하노니 무엇이든지 스스로 속된 것이 없으되 다만 속되게 여기는 그 사람에게는 속되니라 만일 음식으로 말미암아 네 형제가 근심하게 되면 이는 네가 사랑으로 행하지 아니함이라 그리스도께서 대신하여 죽으신 형제를 네 음식으로 망하게 하지 말라 _ 롬 14:14-15

음식으로 말미암아 하나님의 사업을 무너지게 하지 말라 만물이 다 깨끗하되 거리낌으로 먹는 사람에게는 악한 것이라 _ 롬 14:20

음식은 우리를 하나님 앞에 내세우지 못하나니 우리가 먹지 않

는다고 해서 더 못사는 것도 아니고 먹는다고 해서 더 잘사는 것
도 아니니라 _고전 8:8

하나님 말씀이다. 설명이 더 필요 없다. 나는 잘 먹는다. 맛있게 먹으면 그걸로 족하다. 일부 이단종교에서는 레위기 11장에서 규정한 부정한 음식을 여전히 먹지 말라고 가르친다. 예를 들면, 굽이 갈라져 쪽발이 되고 되새김질하는 짐승, 소나 말 같은 것은 먹어도 된다. 그러나 굽이 갈라지고 쪽발이나 되새김질하지 않는 짐승, 돼지 같은 것은 먹으면 안 된다. 먹으면 죄를 범한 게 된다. 내가 제일 좋아하는 게 돼지고기 삼겹살이다. 죄인 될 뻔했다. 무엇이든지 스스로 속된 것은 없다. 다만 속되게 여기는 그 사람에게는 속된 것이 된다(롬 14:14).

율법의 평가기준이 '찝찝함'이라면, 미신의 평가기준은 '혹시' 하는 마음이다. 음식을 먹거나 어떤 특정한 행위를 했을 때 '혹시'라는 생각이 든다면 미신에 빠진 것이다. 집에 갔더니 교회 다니지 않는 엄마가 경고한다. "점을 봤더니 물 조심하래." 딸이 말한다. "나 교회 다니잖아. 그런 거 안 믿어." 그런데 친구와 바닷가에 갔다. 물에 들어가려는 순간 '혹시' 한다면 어느새 미신에 빠진 것이다. 점을 보고 온 엄마가 홀수 달에 귀인을 만날 거라고 한다. 어느 7월에 직장동료가 커피를 주는데, '혹시 이 남자가…' 하는

생각이 든다면 미신에 빠진 것이다.

많은 이들이 묫자리를 잘못 쓰면 조상신이 노한다고 한다. 비성경적이고 무지한 말이다. 성경적 근거가 없는 것을 믿고 있으면 미신이다. 귀신의 성경적 의미가 무엇인지 새삼 말하지 않겠다. 간단히, 교만하여 하나님을 대적한 뒤 타락한 천사장이 사탄 혹은 마귀요, 그를 추종하는 천사들이 귀신 혹은 악한 영이라는 것 정도만 말하겠다. 전설의 고향에 나오는 것처럼, 죽은 사람의 영혼이 저승에 가지 못해 한을 품고 구천을 떠도는 것을 귀신이라 하지 않는다. 그러니 조상신 따위는 없다. 나는 무덤을 발로 쾅쾅 밟을 수 있다. 그러나 하지 않는다. 조상신이 무서워서가 아니라 그저 고인에 대한 예의로.

> 진리를 알지니 진리가 너희를 자유롭게 하리라 _ 요 8:32

진리를 알면 자유로워진다. 반대로 진리를 모르면 율법에 매이고 미신에 사로잡힌다. 오래전 모두 떠난 사무실에 홀로 앉아 있었다. 겨울수련회 준비로 분주하던 때, 자료를 찾기 위해 포털사이트에 들어갔다. 인기검색어에 '목도리 매는 법'이 나와 있었다. 호기심에 클릭했다. 화면을 스크롤 하며 재미있게 읽어 내려가는데, 처음 댓글에 이런 글이 있었다. "이 글을 보자마자 끄면 아버지가 죽습니다. 이 글을 사이트 다섯 곳에 올리지 않으면 얼굴이 반쪽짜리인 아이가 나타나고, 안 나타나면 혼령이 자신을 따라다닐 겁니다. 이 글을 복사해도 좋습니다. 명심하십시오. 시간은 77분입니다." 노파심에 말한다. 혹시라도 이 글을 복사해서 사이트 다섯 곳에 올려야겠다는 생각이 들었다면 자중하시라. 물론 그러지 않으시렷다.

댓글을 읽자마자 내가 한 일이 있다. 불이 나게 글을 복사한 뒤 메모장에 붙여넣었다. 그러고는 신속히 꺼버렸다. 덕분에 10년도 더 지난 자료를 지금에서야 당신은 보고 있다. 내 기록습관으로. 그 후 놀라지 마시라. 내게는 아무 일도 일어나지 않았다. 10년 이상 지났으나 부모님은 여전히 건강하시다. 반쪽이 아닌 반의 반쪽짜리 얼굴의 아이도 보지 못했다. 나는 귀신에 대한 진리를 알고 있었다. 그 진리가 나를 자유롭게 했다.

지금은 그리스도 안에서 자유를 누리고 있다. 그러나 당시에는 누구에게서도 그리스도인의 자유를 듣지도 배우지도 못했다. 당신은 행복하다. 그리스도 안의 자유를 알려주는 부족한 목사가 있으니 말이다.

빨간색으로 이름 써도 아무 일 일어나지 않는다

어렸을 적, 빨간색으로 이름 쓰면 안 된다는 말이 있었다. 특히 빨간색으로 이름을 네 번 쓰면 죽는다나 어쩐다나. 신앙이 없었던 당시의 나는 그 말을 믿었다. 내 기억에 단 한 번도 빨간색으로 사람 이름을 쓴 적이 없다. 그러나 지금은 빨간색으로 얼마든지 이름을 쓸 수 있다. 예수님이 십자가에 달려 돌아가심으로, 모든 율법과 미신에서부터 해방되었음을 알기 때문이다.

실제로 나는 주일 낮 예배 설교에서, 내 이름을 빨간색으로 쓴 종이를 들어 보인 적이 있다. 이름을 들어 보이자 "네 번 안 쓰셨잖아요" 하는 말이 여기저기서 들렸다. 곧바로 네 번 쓴 종이를 들어 올렸다. 폭소가 쏟아져나왔다. 나는 기뻤다. 그들의 웃음으로 율법과 미신에서 벗어날 수 있었으니 말이다.

그리스도인은 언제 이사가야 하는가? 아무 때나 가면 된다. 손 없는 날 따진다고 평소보다 비싼 돈 주고 이사할 필요 없다. 언제 결혼해야 하는가? 하객이 많이 와서 축의금 많이 받을 수 있는 날이면 된다. 이날 저날 따질 필요 없다. 그리스도인은 모든 율법과 미신에서 자유로울 수 있는 특권을 얻은 사람들이다. 아무도 정죄할 수 없다. 아무도 율법과 미신의 노예로 만들 수 없다.

02
신앙생활과 신학의 관계

올바른 신학이 있어야
올바른 신앙이 있다

신앙과 신학은 유기적이다. 어느 한쪽만 있어서는 결코 성숙한 그리스도인이 될 수 없다. 신학이 없으면 이단에 빠지기 쉽고, 신앙이 건강하게 성장할 수 없다. 미신적인 믿음을 갖게 되어, 병든 자녀를 병원이 아닌 기도원에 데리고간다. 또 모든 고난을 하나님의 저주라고 생각하고, 꿈마다 나름의 영적 의미를 부여한다. 생각만 해도 소름 돋는다.

반면 신앙이 없으면 삶이 무미건조해진다. 하나님의 일하심을 그저 생각 속에 가두는 오류를 범하게 된다. 좀 더 유식한 말로 해

보겠다. 신학이 없으면 신비주의에 빠지게 되고, 신앙이 없으면 냉소주의 혹은 합리주의에 빠지게 된다.

> 우리가 다 하나님의 아들을 믿는 것과 아는 일에 하나가 되어 온전한 사람을 이루어 그리스도의 장성한 분량이 충만한 데까지 이르리니 _ 엡 4:13

하나님의 아들을 믿는 것과 아는 일에 하나가 되라고 한다. 나는 믿는 것을 '신앙'으로, 아는 것을 '신학'으로 보았다. 물론 믿는 것을 경험을 통한 지식으로 볼 수도 있겠으나, 나는 '지식'에 초점을 맞추어 포괄적인 의미에서 신학(神學)으로 이해했다. 즉, 신앙과 신학이 하나가 될 때 온전한 사람을 이룰 수 있다고 생각한다. 아니 생각 정도가 아니라 그렇게 되어야만, 그리스도의 장성한 분량이 충만한 데까지 이르는 온전한 사람이 될 수 있다고 확신한다. 나는 한국 교회 성도들의 신앙을 문제 삼고 싶지 않다. 내가 볼 때, 한국 교회 성도들의 신앙 수준은 가히 세계적이라 해도 과언이 아니다. 문제는 '신학의 부재'다. 이를 어쩌면 좋으랴.

신학은 중요하다. 올바른 신학이 있어야 올바른 신앙을 가질 수 있기 때문이다. 염려 마시라. 내가 말하는 신학은, 신학교에서 배우는 조직신학 등의 학문을 의미하는 게 아니다. 우리가 세상을 바라보는 가치관 혹은 어떤 특정한 상황을 해석하는 분별력 등 넓은 의미에서 신학을 말한다. 우리가 가지고 있는 모든 생각은 자신만의 신학을 거친 것이다. 신학교든 교회든 혹은 당신이 신학을 배웠든 그렇지 않든 상관없이, 우리는 개인의 신학이라는 렌즈를 통해 모든 현상을 해석한다.

사업이 부도가 났다. 이를 두고 어떤 사람은 자신이 죄를 지어 하나님께 벌을 받은 것으로 해석한다. 그래서 알지도 못하는 죄를 두고 회개한다. 그러나 또 다른 사람은, 자신의 경영능력과 지도력의 부재로 해석한다. 재미있지 않은가. 어떤 이는 예배당이나 기도원을 다른 장소보다 더 거룩한 곳으로 인식한다. 그래서 이런 곳에서 기도해야 응답을 더 잘 받는다고 믿는다. 어떤 이는 주일 오전 11시 예배를 예배 중의 예배라고 생각한다. 그래서 '대예배'란다. 오후에 드리는 예배는 쳐주지도 않는다.

세월호 사건을 바라보는 관점 역시 다르다. 어떤 이는 대한민국을 살리기 위해 이 어린 학생들을 대신 죽여 국민에게 회개의 기회를 주었다고 한다. 이처럼 자의적으로 영적 의미를 부여하여 지극히 샤머니즘적인 해석을 하는가 하면, 다른 이는 상식선에서 이 문제의 원인을 찾으려 한다. 심지어 부목사보다는 담임목사의 기도에 더 영빨(?)이 있다고 믿거나, 목회자만 주의 종이라며 성직(聖職)으로 인식하기도 한다. 짐작했겠지만 여기서 목회자란 당연히 담임목사다. 한국 교회에서는 여전히 담임목사만 쳐준다.

어쨌든 주의 종 특히 담임목사를 잘 섬기면 복을 받지만, 주의 종을 비판하면 3-4대가 저주를 받는다는 신학적 근거가 전혀 없는 지극히 위험한 생각을 한다. 교통사고가 나서 크게 다쳤거나 질병에 걸리면 "거봐, 주의 종을 욕하더니 하나님이 치셨네"라며 쉽게 정죄한다. 심판자인 하나님의 역할을 월권하는 심각한 죄를 범한다. 그러나 주의 종을 잘 섬겨야 한다는 사람의 내면을 들여다보면, 이러한 생각 역시 복은 받고 싶으나 저주는 받고 싶지 않은, 번영신학의 폐단인 기복주의적 신앙에서 나온 것이 대부분이다.

이와 같은 해석의 차이는 바로 그 사람이 가지고 있는 신학 때문이다. 균형 잡힌 신학의 렌즈를 가지고 있다면 그 해석 역시 건전하나, 기복적이고 미신적인, 즉 샤머니즘적인 신학의 렌즈를 가지고 있다면 그 해석 또한 불건전하게 나타난다.

대학생 때 새벽예배를 드리려고 우연히 한 교회를 방문했다. 합동 정통 교단 소속으로 그리 크지 않은 교회였다. 대부분의 교회처럼 성경본문을 한 장씩 읽고 강해하는 방식으로 진행되었다. 지금은 개역개정 성경으로 바뀌었지만, 당시에는 개역한글 성경을 사용했다. 20년도 더 지난 당시 새벽예배의 본문은, 사도행전 6장 말씀이었다. 나는 그날을 잊을 수 없다.

> 그 때에 제자가 더 많아졌는데 헬라파 유대인들이 자기의 과부들이 매일의 구제에 빠지므로 히브리파 사람을 원망하니 _ 행 6:1

당시 과부들은 생활이 매우 어려웠다. 그래서 교회에서 매일 생필품이나 식량 등을 지급해 주었다. 그런데 헬라파 과부들이 이런 구제대상자 명단에서 누락되는 일이 있었다. 이에 헬라파 과부들이 히브리파 과부들에 비해 푸대접받는다고 생각되어 원망하는 일이 있었다. 사도행전 6장 1절 말씀은 이를 배경으로 한다.

그런데 당시 말씀을 전하던 목사님은, 교회에서 구제하는 것도 중요하지만 선교도 하고 교제도 해야 한다고 말씀하셨다. 맨날 구제에만 빠져있으면, 결국 성도들이 불만을 표출하게 된다고 했다. 어떻게 이런 해석이 나왔을까? 당시 사용했던 개역한글 성경에는 이렇게 기록되어 있다.

> 그 때에 제자가 더 많아졌는데 헬라파 유대인들이 자기의 과부들이 그 매일 구제에 빠지므로 히브리파 사람을 원망한대 _ 행 6:1, 개역한글

"매일 구제에 빠지므로"라는 구절을 이처럼 해석한 것이다. 앞에 '그'라는 지시어가 있으나 군더더기 말 정도로 생각했나 보다.

충격은 여기서 그치지 않았다. 바로 성도들의 반응이었다. '맞아. 교회가 구제에만 빠지면 안 돼!'라고 생각하는 듯, 모두 "아멘!" 하며 고개를 끄덕였다. 또 한번은 세례 요한의 음식을 설명하시면서, 메뚜기는 날아다니는 것이니 복음을 전하는 자들도 날아다니듯 재빠르게 전도해야 하며, 돌에서 나는 야생꿀, 즉 석청(石淸)은 좋은 것이니 복음을 전하는 자들은 건강을 위해 좋은 음식을 먹어야 하고, 낙타털옷은 좋은 옷이니 복음을 전하는 자들은 무시당하지 않게 비싸고 좋은 옷을 입어야 한다고 했다. 이런 알레고리적 해석에 나는 내 귀를 의심하지 않을 수 없었다. 일관성 있는 우리 성도들은 이 설교에도 여전히 "아멘!" 하며 크게 화답했다. 순수함 아니 순진함으로 "아멘" 하는 성도들을 비난할 마음은 없다. 가르친 자가 잘못이지 가르침을 받는 자가 무슨 잘못이 있으랴. 그러나 안타까운 마음으로 그들의 한 가지 잘못을 지적하고 싶다. 분별하지 않고 모든 설교가 하나님의 말씀이라고 믿는 이 '무지'(無知)는 잘못된 것이다.

습관적으로 아멘을 외치면 안 된다. 이 말은 '그렇게 될지어다' 혹은 '그렇게 될 줄로 믿는다'는 뜻이다. 따라서 '아멘'이라는 말은, 설교를 듣고 지적으로 동의가 되었을 때 해야 한다. 그저 목사의 말은 다 옳기에 '아멘' 한다면 자칫 이단에 빠지는 위험을 초래한다.

모든 설교가 하나님의 말씀은 아니다. 착각하면 안 된다. 하나님의 말씀인지 아닌지는 바로 '올바른 해석'에 있다. 올바르게 해석된 메시지만 하나님의 말씀이 된다. 우리의 잘못은, 편향된 해석으로 그리스도인을 미혹하는 이단들의 모든 메시지를, 강단에서 선포되었다는 이유로 하나님의 말씀으로 믿는다는 것이다. 또 목사의 말은 다 하나님의 말씀이므로 묻지도 따지지도 말고 믿어야 한다고 생각한다. 목사들 역시 그렇게 가르쳤다.

그리스도인은 술을 마시면 안 된다고 배웠다. 자칫 신앙이 좋다는 이들은 묻지도 따지지도 말고 믿으란다. 자녀나 초신자가 '왜?'라고 질문하는 것을 허용하지 않는다. 그저 믿으란다. 그러나 생각하지 않으면 우리의 신앙은 성장할 수 없다. 신앙과 신학이 하나 될 때 성숙한 그리스도인이 될 수 있기 때문이다.

신앙 성장의 빠름과 더딤

하나님이 내게 주신 은사가 있다면 분석하는 능력이다. 여러 상황이나 정보를 취합하여 나름의 분석을 해낸다. 틀릴 때도 많지만 나름 꽤 정확하다. 물론 자화자찬이다.

IVF 협력간사 1년 그리고 전도사와 목사로 9년을 청년들과 함께 호흡했다. 선교단체에서 학생 리더로 섬긴 것을 포함하면 더 많은 시간을 청년들과 함께했다. 이후 4년은 장년을 섬겼다. 많은 청년과 성도를 관찰하며, 신앙의 성장이 빠르거나 더딘 세 가지 유형을 발견했다.

먼저, '비판적인 불순종형'이다. 이들은 신앙 성장이 가장 더딘 유형이다. 자기만의 세계에 빠져 있어, 목회자나 주변 사람들이 그 어떤 말을 해도 도무지 듣지 않는다. 앞에서는 '예' 하나, 자신만의 틀에서 벗어나지 못하기에 뒤에서는 '아니오' 한다. 변화가 없다. 그래서 가장 문제 되는 유형이다.

둘째, '무비판적인 순종형'이다. 이들은 목회자나 권위자의 말은 묻지도 따지지도 않고 순종한다. 주일성수해야 한다고 하면 그 이유에는 관심이 없다. 그저 '예' 하며 순종한다. 이런 이들은 다른 사람이나 자녀에게 무조건 주일성수할 수 있는 직장을 구하라고 조언한다. 만약 힘들게 취업한 곳이 주일에도 출근해야 하는 곳이라면 그만두라고 한다. 그것이 하나님을 향한 헌신이요 믿음이라고 생각한다. 백화점이나 기타 서비스업에 종사해 주일을 지키기 힘든 그리스도인은 신앙이 없고 신실하지 않은 사람으로 치부한다.

물론 이렇게 무비판적으로 순종하기만 해도 건강한 신앙으로 잘 성장할 수 있다. 그러나 문제가 있다. 진리 아닌 것에도 묻지도 따지지도 않는 치명적인 약점이 생긴다. 그래서 잘못된 길로 갈 수도 있다. 이런 이들에게 신앙까지 더해지면 맹목적이 될 가능성이 농후하다. 교주들이 제일 좋아하는 유형의 신도다. 이런 유형의 사람들은 어느 한쪽으로 신학이 치우치지 않은 균형 있는 검증된 교회를 다녀야 한다. 또 좋은 목회자나 멘토를 만나야 한다. 올바로 해석해 메시지를 바르게 전하는 교회를 택해야 한다. 지혜가 필요하고 은혜가 필요하다.

셋째, '비판적인 순종형'이다. 가장 성장이 빠른 유형이다. 이들은 나름 자기만의 생각이 있고 소신이 있다. 말씀을 들어도 무조건 순종하지 않는다. 오히려 비판적인 사고로 분별해서 듣는다. 동의가 되지 않으면 질문을 던진다. 아니면 해결할 때까지 멘토를 찾거나 관련 서적을 뒤적인다. 만약 지적으로 동의가 된다면, 그때는 앞뒤 가리지 않고 순종한다. 때로는 충분히 동의되지 않더라도, 그것이 옳고 그름의 문제가 아니라면 목회자나 권위자의 말에 순종할 줄 안다. 이들은 대부분 건강한 신앙으로 자란다.

분별해야 한다. '왜?'라는 질문을 던져야 한다. 왜 주일성수해야 하는지, 왜 십일조를 드려야 하는지, 왜 자살하면 안 되는지, 왜 술을 마시면 안 되는지 질문해야 한다. 사고하지 않는 신앙은 자신을 망친다. 믿는 것과 아는 것이 하나 될 때 올바른 신앙을 가질 수 있다.

03
신앙생활 잘하면 복 받는다

베이비붐 세대의 유산

우리나라에 처음 복음이 들어왔을 때만 해도, 하루 끼니를 걱정할 정도로 먹고살기 힘든 시대였다. 그러니 '예수 믿으면 복 받는다'고 말하기만 해도 사람들이 교회로 몰려들었다. '예수 천국, 불신 지옥'만 외쳐도, 사람들은 경각심을 가지고 교회로 찾아왔다. 예수 믿으면 부자 되고, 병이 낫고, 사업이 번창하고, 자녀가 성공한다고 전하는 교회마다 사람들로 넘쳐났다. 그래서 신앙생활 열심히 하고, 헌금 잘 내고, 전도 잘하면 '건강, 재물, 자손'의 '3박자 축복'을 받는다는 말이 나왔다. 예수 믿으면 복 받는다는 것이 결코 복음의 본질이 아님에도, 먹고 살기 힘들었던 사람들은 복 받기 위한 목적으로 신앙생활을 시작했다고 해도 과언이 아니다.

지금까지 한국 교회의 주류는 1955년에서 1963년 사이, 즉 한국전쟁 후 또는 혹독한 불경기를 겪은 후 사회적 경제적 안정 속에서 태어난 베이비붐 세대와, 이들을 중심으로 한 전후 세대다. 이들은 당시 교회나 부모에게서 예수 믿으면 복 받는다는 가르침을 받았으며, 동시에 그런 가르침을 자녀에게도 전했다. 그 가르침의 영향으로 1970년대부터 한국 교회는 폭발적으로 부흥했다. 그리고 그 가르침을 받은 자녀들이 성장해 지금 한국 교회 각 지교회에서 목회자나 항존직으로서 핵심역할을 감당하고 있다.

나는 이들을 비난하고 싶은 마음이 없다. 잘못이 있다고 생각하지도 않는다. 그들의 헌신과 눈물로 지금의 한국 교회를 이루었다고 말할 수 있기 때문이다. 누구든 잘못 가르친 이들이 문제지, 잘못된 가르침을 받은 이들에게 문제가 있지는 않다. 다만 분별하지 않고 모든 가르침을 하나님의 말씀으로 믿었던 것은 좀 아쉽다.

모두 그런 건 아닐지라도 베이비붐 세대를 포함한 그 전후 세대 대부분은, 예수 잘 믿는 것과 복 받는 것 사이에는 큰 상관관계가 있다고 믿었다. 교회에 헌신할수록 그리고 교회 일에 시간을 많이 할애할수록 더 복을 받는다고 믿었다.

남편이 교회 가는 것으로 잔소리하는 것을, 주를 위해 핍박받는 것으로 여겼다. 주일 아침부터 여러 모양으로 봉사하고 저녁 늦게 들어갔을 때, 남편이 소리 지르고 구타하는 것 역시 잘 참고 인내하면, 언젠가는 남편이 돌아올 것이라는 다소 미신적이고 율법적인 믿음을 가졌다. 아쉽다. 교회의 직분자이기 전에 한 가정의 아내라는 사실을 기억해 마땅히 할 일을 해야 했다. 지혜롭게 대처해야 하는 건 잊은 채, 그저 헌신과 순종이라는 이름으로 신앙생활에 매진했다.

주일성수를 하고, 십일조를 드리고, 목회자를 하나님이 세우신 주의 종으로 여겨 충성하며 잘 섬기면 복을 받는다고 믿었다. 모든 예배는 다 하나님께 드리는 것이기에 크고 작음이 없음에도, 한국 교회는 주일 오전에 드리는 예배를 '대예배'라는 이름으로 불렀다. 그래서 오후 예배는 대예배를 드린 후 추가로 드리는 예배일 뿐, 이것만으로 주일성수했다고 말할 수는 없는 예배로 인식했다.

그 결과 직장이나 기타 이유로 주일성수가 어렵거나, 오후 예배에 참석할 수밖에 없는 사람을 신앙이 부족한 사람으로 치부했다. 또 모든 날이 주의 날인데도 주일을 특별한 날로 여겨 주일성수를 강조한 것은, 부득이 주일에 일할 수밖에 없는 사람들의 신앙을 폄하하는 폐단으로 이어지게 했다. 특히 주일 오전 예배 중에도 11시 예배를 메인으로 생각해 좀 더 의미를 부여하는, 이른

바 샤머니즘적인 인식마저 가지고 있었던 것도 사실이다.

이처럼 한국 교회는 복과 함께 걸어온 역사다. 물론 모든 이가 기복적인 생각을 하는 건 아니다. 만약 그렇다면 한국 교회는 돌이킬 수 없는 추락의 길을 걷게 될 것이다. 돌이켜보면 이 모든 것의 이면에는 '복'이 있다. 예수 잘 믿고, 주의 종에게 충성하고, 열심히 봉사해 결국에는 복을, 그것도 이왕이면 큰 복을 받고 싶다는 기복주의적인 열망이 마음속 깊은 곳에 있음을 그 누구도 부인할 수 없을 것이다.

예수를 믿는다는 것

예수를 믿는다는 것은 복을 받는다는 의미가 아니다. 그리스도인이라는 이유로 믿지 않는 자보다 더 복을 받거나 잘사는 것도 아니다. 물론 믿지 않는 나라보다 더 경제대국을 잘 이루는 것도 아니다. 믿지 않는 자녀는 지방대이나 믿는 자녀는 서울대요, 전자는 병에 걸리면 죽으나 후자는 암에 걸려도 낫는 게 아니다. 불신자의 땅값은 매일 폭락하나 신자의 땅은 복을 받아서 천정부지로 치솟는 것도 아니다. 성도들이 이런 신학을 가지고 있다면 비극이다. 예수를 믿기에 주어지는 복이 있으나, 그것이 결코 복음의 핵심은 아니다. 이런 유치하고 비복음적인 설교와 조언이 성도들에게 복음의 본질을 놓치게 하고 허황된 꿈을 심어준다. 이런 메시지는 강단에서 선포되어서는 안 될 것이다.

한국 교회는 지나치게 복을 강조했다. 아니 일부 목회자들은 지금도 강조한다. 예수 잘 믿고, 봉사 잘하고, 헌금 잘하면, 이삭이 백 배의 수확을 한 것처럼 우리도 복을 받는단다. 아니 백 배가 웬 말인가. 두 배만도 좋으련만. 너는 굶어도 나만 배부르면 된다는 심보와 다를 게 무엇인가. 자녀가 잘되는 것을 넘어 이제 자손까지 잘된단다. 그러나 예수를 믿으므로 마땅히 겪어야 할 고난에 대해서 가르치는 것은 주저했다. 그리스도인의 제자 됨과 헌신, 사랑, 희생, 하나님과의 교제 그리고 회개 등에 철저히 침묵했다. 이런 메시지가 성도를 모으기보다 떠나게 만드는 요소라고 생각했을까. 나는 모른다.

어찌 되었든 참된 그리스도의 제자로 살아가는 자에게 필연적으로 따라오는, 아니 따라와야만 정상인 이런 고난과 시험에 대해서는 가르치지 않았다. 오직 '복'만 강조했다. 기도하면 다 된다고 가르쳤다. 그래서 나약한 그리스도인을 만들었다. 조금만 힘들면 비그리스도인보다 쉽게 넘어지고 포기해 버린다. 한번도 고난을 마땅히 겪어야 할 것으로 생각하지 않았기 때문이다. 잘 믿으면 복이고 잘못 믿으면 고난이라는 이분법적인 사고로 접근했다. 막상 고난이 닥쳤을 때는, 내 믿음이 부족했거나 신앙생활을 잘못해 하나님께 벌을 받은 것으로 생각했다. 문제의 원인을 파악해 실수했거나 부족한 부분을 개선해 나가려고 하지 않았다. 오히려 기도원에 가서 금식하며 기도해야 할 문제로 이해했다.

심지어 가난하거나, 병에 걸렸거나, 교통사고로 목숨을 잃은 사람을 보면, 하나님이 치셨다며 정죄하는 저주의 말을 쉽게 퍼붓는다. 모든 현상을 영적인 문제로 치부하여 미신적인 사고방식으로 접근하는 오류를 범했다. 이걸 어찌하면 좋으랴. 나는 생각한다. 겉으로 보이는 결과만으로 하나님의 저주를 받은 것처럼 보이는 사람들보다, 하나님이 치셨다는 말로 우리 이웃을 저주하고 정죄하는 그 사람을 하나님이 용서하지 않으시리라.

잘 믿으면 복 받는다는 것은 맞으나 틀리다

잘 믿으면 복 받는다는 말은 맞다. 그러나 반만 맞다. 나머지 반은 틀렸다. 이 말의 이면에는 잘 믿으면 복을 받으나, 반대로 잘 믿지 않으면 저주를 받는다는 의미가 숨어 있다. 저주까지는 아니더라도 복은 받지 못한다는 말이렷다.

새벽기도를 강조하는 이는, 새벽을 깨우면 하루를 승리한다고 가르쳤다. 그러나 이 말에는 새벽을 깨우지 않은 날은 곧 실패한 날이라는 모순된 의미가 숨어 있다. 대부분의 교회는 주일에 새벽예배를 드리지 않는다. 이런 논리라면 한국 교회 성도의 주일은 대부분 실패한 하루가 된다. 봉사 잘하고 헌금 잘하면 복을 받고 자녀가 잘된다고 한다. 그러나 그 이면에는 여러 이유로 헌금이 힘든 이들의 자녀는 복을 받지 못해 실패한다는 모순이 있다.

복음은 복 받는 것을 의미하지 않는다. 예수 잘 믿어야 복을 받는다면, 가난하지만, 아프지만, 사업에 실패했지만, 자녀가 속 썩이지만, 하는 일마다 풀리지 않지만, 기타 여러 문제로 힘들지만, 열심히 하나님을 섬기며 신앙생활하는 사람은 예수를 잘 믿지 않아서 그런 고난을 겪는 것인가? 가난하지만 열심히 믿는 사람이 많다. 건강하지 못해 평생 약을 먹지만, 그 누구보다 하나님을 사랑하며 신실하게 살아가는 사람도 많다.

자녀는 셋 정도 낳아야 복 받은 것이라 말하는 이도 보았다. 이 말에 동의한다면 내 질문에 답해 보시라. 자녀가 하나밖에 없는 가정은 복을 받지 못한 것인가? 그럼 피치 못할 사정으로 자녀가 없는 가정은 저주받은 것인가? 고난을 겪어 보지 않은 사람은 다른 사람의 고난에 대해 쉽게 말한다. 하나님의 저주라느니, 은혜가 없다느니, 복을 받지 못했다느니 하며 함부로 말한다. 물론 겉으로는 그렇게 말하지 않는다. 그러나 속으로는 그렇게 생각한다.

잘 믿으면 복 받는다고 믿기 때문이다. 늘 그런 가르침을 받아왔기에, 그들의 무의식 속에는 잘되는 것은 복이요, 안 되는 것은 하나님의 벌이라는 공식이 있다.

좋은 가정에서 좋은 부모를 만나 돈 걱정, 건강 걱정, 자녀 걱정 없이 살아가는 것도 물론 복이다. 그러나 자기가 고난을 겪지 않았다 하여 함부로 어려운 형편에 있는 사람의 원인을 그들의 신앙에서 찾으며 정죄하는 것은 나쁜 것이다. 아니 악한 것이다. 고난 없는 것을 복 받은 것으로 생각하는 이들은, 오직 고난 속에서만 배울 수 있는 하나님의 풍성한 사랑과 은혜를 결코 배울 수 없다. 신앙이 좋기에 고난을 겪지 않는 것도 아니고, 믿음이 부족하기에 고난을 겪는 것도 아니기 때문이다.

04
주를 위해 헌신하면
다 책임져주시지요?

정직하지 못한 헌신

오래전 동남아로 단기선교를 떠났던 제자가 인사차 찾아왔다. 단기선교로 큰 은혜를 경험한 뒤 다시 1년 동안 선교를 작정한 것이다. 당시 30대 초반의 미혼 자매였다. 잘 다니던 직장을 그만두고 1년간 선교를 떠난다기에 내심 염려되었다. 속으로 '가지 말지' 생각했다. 물론 하나님께서 주신 마음이니 난들 어찌 막으랴. 그게 소명이라면 전혀 문제가 되지 않았으렸다. 그러나 내게는 지론이 있다. 떠나는 것보다 더 중요한 것이 돌아왔을 때라는 것이다.

많은 젊은이가 직장과 물질 그리고 젊음을 포기하고 '내가 주를 위해 헌신하리라'는 각오로 떠난다. 그러나 정작 선교를 마치고 돌아왔을 때는 녹록지 않은 현실에 적응하지 못한다. 오히려 하나님을 원망하고 좌절한다. 나는 함께 식사하며, 하나님을 위한 열정과 마음이 아름다워 칭찬해 주고 싶다면서 제자의 기분을 달랬다. 앞으로 이어질 말을 위해.

"문제는 선교를 마치고 돌아왔을 때다. 그때도 지금처럼 하나님을 사랑하고 끝까지 신뢰하면 좋겠구나."

이때만 해도 표정이 나쁘지 않았다. 그러나 이후에 들려준 말로 제자의 표정은 점점 굳어졌다.

"지금은 하나님을 향한 열정으로 모든 것에 자신 있을 거야. 직장도 그만두고 선교를 떠나는 게 염려되지 않을 거야. 그러나 막상 선교를 마치고 돌아오면 나이도 더 들었을 테고, 직장 구하는 것도 지금보다 힘들 거야. 어쩌면 결혼도 늦어질지 몰라. 그런 상황에 놓이면 하나님을 향한 원망이 들 거야. '주님, 지금까지 하나님을 위해 직장까지 포기하며 선교하고 왔는데, 제 삶은 이게 뭔가요?' 하는 생각이 들 수도 있어. 그런데 그때가 중요하다. 그때도 여전히 지금처럼 하나님을 사랑하는 마음으로 끝까지 주님을 신뢰하면 좋겠구나. 그러면 반드시 하나님께서 또 다른 길을 열어 주실 거야."

그렇다. 이것이 내가 해준 잔인하고 차가운 조언이었다. 청년의 때에 다 내려놓고 선교를 떠나는 것은 훌륭하고 신실한 것이라고 말해 주고는, 선교를 마치고 돌아온 후의 삶에 대해 아무런 충고도 해주지 않는 것은 '부정직'이다. 돌아왔을 때도 여전히 하나님을 더 신뢰하고 의지하게 하려면, 선교를 위해 포기한 것들 때문에 필연적으로 발생하게 될, 즉 앞으로 직면하게 될 절대 만만치 않은 현실을 언급해 주는 것이 정직한 사역자라고 생각했다.

어쩌면 제자는, 칭찬과 더불어 하나님께서 책임져주실 장밋빛 인생에 관한 이야기를 들을 것으로 생각하고 나를 찾아왔을지도 모른다. 하나님이 제자의 헌신과 희생을 기억하시고 보상해 주실 거라 생각했을지도 모른다. 지금은 비록 직장과 결혼을 포기했으나, 돌아온 뒤에는 다 책임져주실 것으로 생각했을 것이다. 그러나 이걸 어쩌랴. 내 희생과 헌신에도 불구하고 현실은 더 나아지지 않는 것을.

사람은 기대한 걸 얻지 못할 때 실망하고 좌절한다. 애초에 헌신과 희생에 대한 보상을 기대하지 않았다면 낙심도 없을 것이다. 헌신 후 발생하는 녹록지 않은 현실에 실망하는 이유는 바로 보상을 바라는 마음 때문이다. 어쩌면 미래에 주어질 보상에 대한 기대가 지금의 고난과 희생을 감당할 동기가 되는지도 모른다. 그러나 그건 정직하지 못한 헌신이다.

보상을 바라는 헌신은 하나님을 향한 순수한 마음에서 나오기가 어렵다. 거짓이다. 하나님께서 희생과 헌신에 대한 보상으로 복을 주실 때도 있다. 그러나 하나님의 주권적 은혜일 뿐, 당연히 주어지는 것도 아니요, 마땅히 주어져야 하는 것도 아니다. 어쩌면 당신은 보상을 바라고 봉사하거나 헌신하는 건 아니라고 생각할 수도 있다. 나 역시 당신이 그런 의도로 했을 것이라 생각하지 않는다. 그러나 '내가 하는 헌금과 헌신과 봉사를 하나님이 알아주시고 복을 주시면 좋겠다'는 마음이 자리 잡고 있는 것에 대해 누가 자유로울 수 있을까.

지금까지 한국 교회 강단에서 기복적인 메시지가 선포되었다. 가난했는데 열심히 봉사했더니 부자가 되고 사업이 번창했단다. 열심히 헌금했더니 쌓을 곳이 없을 정도로 물질의 복을 부어주셨단다. 이런 자극적인 예화로 성도를 미혹하면서 헌금과 봉사를 강조한 것은, 적어도 젊은 목사인 내가 볼 때는 부인할 수 없는 사실이다. 감사한 건 모든 목회자가 그랬던 건 아니라는 사실이다. 대형 교회를 맡고 있는 일부 목사들과, 기복적인 메시지로 성도 수를 늘리겠다고 생각하는 목회자들의 이런 자극적인 설교는, 분명 성도들에게 헛된 소망을 심어준 원인이 되었다. 그래서 안타깝고 슬프다.

간증의 치명적 약점

성도들에게 헛된 소망을 꿈꾸게 한 대표적인 것이 바로 '간증'이다. 간증은 자신이 받은 은혜를 다른 이들과 나누는 좋은 통로다. 그러나 모든 간증이 성도에게 유익한 건 아니다. 내가 생각하는 좋은 간증은, 어려운 상황에서도 하나님을 의지하며 열심히 신앙생활하는 분들의 고백이다. 힘들 때 기도하면서 받은 응답, 하나님의 위로의 음성 같은 것이야말로 진정한 간증이 아닐까. 가난하지만 믿음 잃지 않고 하나님을 바라보는 사람들, 남보다 건강하지 않으나 여전히 함께하시는 하나님을 의지하며 기쁨을 잃지 않는 사람들, 기도에 즉각 응답하지 않고 침묵하시나 쉬지 않고 기도하면서 범사에 감사하는 사람들, 이런 이들이 진정한 간증자가 아닐까.

성실하게 신앙생활하여 다른 교우들에게 모범이 되고 덕을 쌓아 장로가 되고 권사가 되고 집사가 된 분들의 크고 작은 신앙 경험담은, 분명 우리에게 큰 위로와 용기를 준다. 그러나 한국 교회는 평범한 일상에서 하나님을 바라보고 성실하게 믿음생활하는 이들을 그리 높게 평가하지 않는다. 오히려 인생의 바닥을 경험했으나 소위 대박난 사람들의 간증에 열광한다. 사업이 망했는데 헌금 많이 드렸더니 엄청난 부자가 됐다거나, 죽을병에 걸렸는데 기도원에서 40일 금식했더니 병이 싹 나았다거나, 가난한 집안에서 돈이 없어 배우지 못했지만 공부할 시간 쪼개가며 주일성수하고 교회에서 열심히 봉사했더니 서울대 의대에 수석으로 입학했다는 간증에 목말라 한다.

그냥 쉽게 설명하겠다. 결국 복 받았다는 간증에 은혜를 받는다. 이런 복을 많이 받은 사람일수록 더 신령하고, 영적으로 성숙하며, 신실한 사람으로 평가하니 이거 참 어찌하랴. 심지어 일부 강단에서는 어디서 이런 예화만 기막히게 골라 사용해 성도들의 헌신을 유도해내려 한다. 난 찾으려 해도 못 찾겠는데. 전문적으로 이런 예화만 찾아주는 비서라도 있는가.

이런 간증을 듣고 또 이런 예화만 들으면 마치 우리 삶이 늘 그럴 것이라 착각하게 된다. 미안하지만 내가 진실을 알려주겠다. 그렇지 않은 경우가 비교할 수 없을 정도로 훨씬 더 많다. 사람들 대부분은 그들의 간증이나 예화를 들으며, '나도 저들처럼 되고 싶다'거나 '내 삶도 저들처럼 대박날 수 있다'는 허황된 기대와 소망을 품는다. 모두 헛된 꿈이다. 로또를 꿈꾸거나 간증대로 되기를 꿈꾸는 것은 확률적으로는 다르겠지만, 기대하는 마음에는 별반 차이가 없다.

간증은 일반적인 사건이 아니다. 그래서 간증이다. 일상적으로 일어나지 않는 일이기에 사람들이 놀란다. 그렇지 않은가. 주식이 대박나서 빌딩을 사고, 죽을병에서 살아나고, 트럭과 부딪혔는데 '주여' 외쳤더니 뼈 하나 상하지 않았다. 만약 누군가 이런 간증을 한다면, 그것은 일상적이지 않기에 놀라운 것이다. 뻔한 일이라면 놀랄 이유가 없다.

하나님은 숨은 동기를 보신다. 우리의 모든 헌신과 봉사 안에 담겨 있는 진의(眞意)를 간파하신다. 책임과 사명으로 감당하는 것도 훌륭하나, 진정한 동기는 주를 향한 사랑이어야 한다. 사랑만이 지치지 않는 힘의 원천이요, 낙심하지 않게 하는 동기부여가 된다.

05
성경의 치유,
왜 현실에는 없을까?

성경의 기록은 일부일 뿐

성경에는 특별한 사건이 기록되어 있다. 예수님의 제자들이 화장실 간 기록은 없다. 베드로가 늦잠 잔 기록도 없다. 성경 기자들이 한정된 지면에 성경을 기록하려면, 고르고 골라 가장 중요한 사건만 택해야 한다. 만약 모든 사건을 다 기록한다면, 찬송가의 가사처럼 하늘을 두루마리 삼고 바다를 먹물 삼아도 부족하다.

그 후에 예수께서 나인이란 성으로 가실새 제자와 많은 무리가 동행하더니 성문에 가까이 이르실 때에 사람들이 한 죽은 자를 메고 나오니 이는 한 어머니의 독자요 그의 어머니는 과부라 그

성의 많은 사람도 그와 함께 나오거늘 주께서 과부를 보시고 불쌍히 여기사 울지 말라 하시고 가까이 가서 그 관에 손을 대시니 멘 자들이 서는지라 예수께서 이르시되 청년아 내가 네게 말하노니 일어나라 하시매 죽었던 자가 일어나 앉고 말도 하거늘 예수께서 그를 어머니에게 주시니 모든 사람이 두려워하며 하나님께 영광을 돌려 이르되 큰 선지자가 우리 가운데 일어나셨다 하고 또 하나님께서 자기 백성을 돌보셨다 하더라 _눅 7:11-16

예수님이 나인이라는 성에 들어가셨다. 거기서 사람들이 한 죽은 자를 메고 나오는 것을 보신다. 울고 있는 여인은 과부요, 죽은 자는 그의 하나뿐인 아들이다. 예수님이 여인을 불쌍히 여기사 죽은 아들을 살려내신다. 이 사건은 절대 평범하지 않다. 당시에도 마찬가지였다. 흔하게 일어나는 일이 아니었다.

성경에서 죽은 자가 살아난 기록은 일곱 군데가 있다. 구약에 두 군데 신약에 다섯 군데 등장한다. 신약 다섯 군데 중에 베드로가 다비다를 살리고, 바울이 유두고를 살리는 것을 제외하면, 예수님은 나사로, 회당장 야이로의 딸 그리고 나인 성 과부의 아들, 이렇게 세 명만을 살려내신다. 단 세 명뿐이다. 더 살려내셨는지 나는 모른다. 그저 성경에 기록된 것만 알 수 있을 뿐. 그러나 죽은 자가 살아나는 것이 당시에도 매우 이례적인 경우였다면, 성경에 기록된 것 외에 더 있지는 않을 것이다. 그렇다면 살면서 한 번 일어날까 말까 한 일을 소망하며 사는 게 지혜로울까, 아니면 평범한 일상 속에서도 하나님을 신뢰하며 최선을 다해 살아가는 게 지혜로울까? 답은 뻔하다.

나는 예수님이 죽은 아들로 슬퍼하는 과부를 보시며 불쌍히 여기셨다는 사실에 위로받는다(눅 7:13). 예수님의 치유와 기적의 동기가 과부를 '불쌍히' 여기셨기 때문이다. '왜 내 인생에는 기적과 대박이 없을까?' 하고 원망 가득한 이들에게, 예수님의 치유 동기는 큰 평안을 준다. 단순히 예수님이 죽은 사람을 살렸다는 것에만 감동한다면, 어쩌면 당신은 남을 세심하게 배려하는 사람은 되지 못할 것이다. 성경을 읽으며 병든 자들, 고난받는 자들이 금방 고통에서 해방되었다는 사실에만 은혜 받는다면, 예수님의 치유 사역의 진짜 이유를 간파하지 못할 수도 있다. 여기서 또 말하거니와, 성경에 기록된 기사는 일반적이 아닌 특별한 사건이기 때문이다.

치유의 본질

잊지 마시라. 예수님 당시에도 고침받은 이보다 고침받지 못한 이가 훨씬 많았다. 예수님은 인간의 몸을 입고 이 땅에 오셨다. 따라서 제한된 시간과 공간에서만 치료할 수 있었다. 그리고 피곤함을 느꼈기에, 온종일 치유 사역에만 전념할 수도 없었다. 그러니 당신이 병이 나은 이에게만 집중한다면, 이들 때문에 치유받지 못한 사람들만 더 비참해졌다고 말할 것이다. 지금도 마찬가지다. 옆집 집사의 병은 고쳐주면서 왜 내 병은 고쳐주지 않느냐고 따질지도 모른다. 심지어 기도가 부족했다거나, 주의 종을 비난해서 벌을 받는 것으로 생각하는 이들도 보았다.

기적과 치유를 경험한 사람은 자신의 경험을 토대로 기도하면 다 된다고 쉽게 말한다. 이들은 믿음과 기도가 부족하다는 이유로, 오랜 기도에도 병이 낫지 않아 고통당하는 사람의 마음에 대못을 박는다. 그러나 앞장에서 언급했듯, 모든 병이 기도로 치유되는 건 아니다. 하나님은 다윗과 밧세바 사이에서 난 아들을 치셨고, 그 아들은 심히 앓게 된다. 다윗은 아들의 생명을 위해 7일간 금식하며 기도한다. 그러나 하나님은 끝내 그 아들을 데려가신다. 그렇다. 기도한다고 병이 낫는 건 아니다. 기도해서 다 된다고 생각하는 사람은, 기도로 하나님도 조정할 수 있다고 믿는 사람이다. 기도는 하나님과의 교제이므로 하나님의 마음을 움직일 수 있는 통로가 될지언정, 그 자체가 응답을 받아내는 마스터키는 아니다.

치유가 본질이 아니다. 죽은 자가 살아난 것이 핵심이 아니다. 예수님이 공생애 기간 동안 병 고치는 사역을 하셨다고 해서, 의무적으로 죽은 사람을 살려내야 한다거나, 병든 사람을 당연히 고쳐야만 하는 건 아니다. 예수님은 왜 과부의 죽은 아들을 살리셨나? 불쌍히 여기셨기 때문이다. 그렇다. 불쌍히 여기신 이 '긍휼'이야말로 치유의 본질이요 핵심이다.

헨리 나우웬은 그의 책 『긍휼』에 이렇게 기록했다.

> 예수님의 치유는 그분의 긍휼에서 비롯된 것이지, 무엇을 증명하거나 감동을 주거나 설득하기 위한 것이 아니다. 예수님의 치유는 그분이 우리 하나님이라는 것의 자연스러운 표현이다. 하나님의 사랑의 신비는, 그분이 우리의 고통을 없애주신다는 것이 아니라, 그분이 무엇보다도 우리와 함께 고통을 나누기 원하신다는 것이다. (중략) 진정 위대한 신비는 치유가 아니라 치유의 근원 되는 그 무한한 긍휼이다.

우리를 불쌍히 여기는 이 긍휼이야말로, 하나님이 우리에게 기적과 치유를 베풀어주시는 이유가 된다.

'불쌍히'의 헬라어 원어는 '스플랑크니조마이'다. 이 단어의 원형인 '스플랑크나'는 몸의 내장이나 창자, 즉 배 속을 가리키는 말이다. 누가가 복음서를 기록하면서 이 '스플랑크나'라는 단어를 사용한 것은 지극히 의도적이다. 헨리 나우웬에 따르면, 예수님의 긍휼은 피상적이거나 스쳐 지나가듯이 느끼는 슬픔이 아니다. 그의 존재의 가장 여린 부분, 즉 배 속까지 다다른 것이다.

긍휼에 해당하는 히브리어는 '라카밈'이다. 이것은 '하나님의 자궁'을 일컫는 말이다. 하나님께 자궁이 있을 리 없다. 불경스럽게 느껴지기도 한다. 헨리 나우웬은 이것을, 예수님의 긍휼이 어찌나 크고 강력한지 하나님의 자궁이 움직인다는 식으로 밖에는 달리 표현할 길이 없다고 말한다. 예수님의 긍휼은 이토록 강력하다.

06
점 보러 다니는 그리스도인

너희는 누구냐

"선무당이 사람 잡는다"는 속담이 있다. 능력도 없이 함부로 일을 벌였다가 큰일을 저지르게 됨을 비유적으로 이르는 말이다. 여기서 선무당이란 점을 잘 치는 무당이 아닌, 서툴고 미숙해 굿을 제대로 하지 못하는 무당이다. 그러나 선무당이 아닌 용한 무당이라 해도 다 같은 무당이 아니다.

무당도 무속이 전승되는 과정에 따라 세습무, 학습무, 강신무로 나뉜다. 세습무는 집안 대대로 그 명맥을 이어가는 무속인 집단으로, '진도씻김굿'이 대표적이다. 학습무란 역술과 도술을 전문적으로 배우고 익힌 무당이다. 마지막으로 강신무란, 무병을 앓거나

'신내림굿'을 통해 무병 혹은 신병을 치료한 후 신명(神明)을 내려받은 무당이다. 우리가 일반적으로 알고 있는 무당은 이 강신무를 말한다. 일부 무속인 집단에서는 세습무, 학습무, 강신무를 모두 무당으로 인정하나, 실제 신을 받은 강신무들은 세습무와 학습무를 무당으로 인정하지 않는다. 그러나 장군신이든 동자신이든 그들이 신내림을 받고 극진히 모신다는 신령님은, 성경에 따르면 사탄의 추종 세력인 귀신일 뿐 그 이상도 이하도 아니다. 그렇다. 그들은 귀신을 모시고 있는 셈이다.

하나님이 바울의 손으로 놀라운 능력을 행하게 하시니 심지어 사람들이 바울의 몸에서 손수건이나 앞치마를 가져다가 병든 사람에게 얹으면 그 병이 떠나고 악귀도 나가더라 이에 돌아다니며 마술하는 어떤 유대인들이 시험삼아 악귀 들린 자들에게 주 예수의 이름을 불러 말하되 내가 바울이 전파하는 예수를 의지하여 너희에게 명하노라 하더라 유대의 한 제사장 스게와의 일곱 아들도 이 일을 행하더니 악귀가 대답하여 이르되 내가 예수도 알고 바울도 알거니와 너희는 누구냐 하며 악귀 들린 사람이 그들에게 뛰어올라 눌러 이기니 그들이 상하여 벗은 몸으로 그 집에서 도망하는지라 _ 행 19:11-16

성경에 나오는 여러 기사 중 이 사건처럼 재미있고 흥미로운 것도 드물다. 하나님은 바울의 손으로 놀라운 능력을 행하게 하신다. 사람들이 바울의 몸에서 손수건이나 앞치마를 가져다가 병든 사람에게 얹으면, 그 병이 떠나가고 악귀가 나가기까지 했다.

상상해 보았다. 병원에 심방을 갔다. 환자가 내 목에 매여 있는 빨간색 넥타이를 뚫어지게 쳐다본다. 나는 그리 급할 거 없다는 표정으로 여유롭게 넥타이를 푼다. 그리고 환자의 몸에 살짝 얹는다. 순간 환자가 벌떡 일어나며 '할렐루야'를 연신 외쳐댄다. 병이 나은 것이다. 이 모습을 본 같은 병실의 환자들이, 너나 할 것 없이 내 넥타이를 만지려고 싸우기 시작한다.

다른 상상도 해보았다. 치유집회라는 세미나를 연다. 분위기가 무르익을 즈음 넥타이를 푼다. 또 그 넥타이인가. 어쨌든 사람들에게 휘두르며 "성령 받아라!" 하고 외친다. 사람들이 저마다 내 넥타이에 따귀 한 대라도 맞고 싶어 혈안이 되었다. 넥타이에 따귀 맞은 이마다 병이 낫는다. 나는 한순간에 포털사이트 실시간 검색어 1위에 오른다. 양해를 구한다. 내가 잠시 미쳤나 보다.

아무리 생각해 보아도, 하나님이 내 몸에서 난 손수건이나 넥타이에 그런 신비한 능력을 주시지는 않을 것 같다. 세 가지 뻔한 이유가 있다. 하나님이 아닌 내가 주인공이 될 것이 뻔하고, 내 넥타이를 신성시할 것이 뻔하며, 무엇보다도 하나님이 주신 게 아난 내 능력이라 생각해 교만해질 게 뻔하기 때문이다. 교만해져서 하나님을 버리고 변질될 바에는, 차라리 능력 없는 게 백번 천번 낫다.

황당한 상상이지만 결코 황당무계한 것은 아니다. 지금도 십자가 목걸이를 착용하면 귀신이 공격하지 못한다고 생각하는 이들이 있다. 가로등 하나 없는 깜깜한 밤길을 걸을 때, 왠지 십자가 목걸이가 지켜줄 것 같은 느낌이 든다는 이들도 있다. 물론 내 차에도 십자가가 걸려 있다. 이것이 차 사고로부터 지켜줄 것이라 생각해 걸어 놓은 것은 아니다. 그저 그리스도인임을 밝히려는 것이다. 양보 운전하겠다는 의지다.

마술하는 어떤 유대인들이 바울의 모습을 보고 따라 한다. 예수님의 이름을 빙자해 귀신을 내쫓으려 한 것이다. 그들 눈에는 신비한 현상으로 보였으리라. 거룩한 예수님의 이름을 이제는 스게와 제사장의 일곱 아들도 사용한다. 그때 귀신이 하는 말이 기막히다. "내가 예수도 알고 바울도 알거니와 너희는 누구냐"(행 19:15). 귀신은 영이라 직접 사람을 해할 수 없을 테니, 사람의 몸을 빌려 그 일곱 아들에게 뛰어올랐을 것이다. 그리고 이들은 혼비백산하여 걸음아 나 살려라 도망가게 된다. 통쾌하다. 물론 벗고 도망치는 이에게는 미안하나, 내가 예수 믿는 그리스도인이라는 사실에 자부심이 생겼다.

눈에 보이는 것에 집착하는 세대

오늘날에도 성경에 등장하는 마술하는 유대인들이나 스게와 제사장의 일곱 아들 같은 이들이 있다. 그리스도인처럼 보이는 사람들 말이다. 이들은 그리스도의 이름을 빙자하여 기도하고, 그리스도의 이름을 사칭하여 교회를 다니나, 실상은 종교활동을 한 것이지 믿음생활을 한 것은 아니다. 예수님의 이름을 그들의 목적에 적절히 활용하려 했을 뿐, 정작 예수님을 그리스도로 믿지는 않았다. 사람들은 모른다. 그러나 귀신은 귀신같이 알아낸다.

또 내림굿으로 귀신을 받은 강신무 역시 안다. 성도가 무당을 찾아갔는데 점괘가 기막히게 잘 나온다면 둘 중 하나다. 그 무당이 세습무 혹은 학습무이거나, 그 성도가 교회는 다니나 실상은 그리스도인이 아니거나. 무당을 찾아가지 않기를 진심으로 바라나, 혹 우연히 찾아가더라도 점괘가 안 나오길. 이거 나오면 큰일이다. 내가 이상하든 그 무당이 이상하든, 둘 중 하나는 가짜니 말이다.

많은 그리스도인이 눈에 보이지 않는 것보다 눈에 보이는 것에 집착하는 경향이 있다. 하나님이 눈에 보이지 않으니, 눈에 보이는 무당을 찾아간다. 성도의 형편이 이러한데도 교회는 무조건 기도하라고 한다. 기도하면 다 된다고 한다. 기도해도 안 되던데 말이다.

'치성'(致誠)이라는 말은 절이나 산 등에서 신앙적 기원을 드리는 의례를 뜻한다. 치성을 드린다고 하지 않는가. 자식을 얻고자 산신에게 비는 것은 '산치성'이요, 백 일간 하는 것은 '백일치성'이라고 한다. 어떤 이의 기도를 들어보면 치성과 다를 바 없다는 생각이 든다. 무속의 세계에서는 치성을 드리면 신이 감동해 응답한다. 우리 역시 간절히 기도해야 하나, 이 말이 간절하게 기도하면 응답받는다는 의미는 아니다. 이 말에는 도무지 동의할 수 없다.

이게 사실이라면, 지금껏 응답받지 못한 이유는 하나다. 간절히 하지 않았기 때문이다. 자식이 아픈데 간절히 기도하지 않을 부모는 없다. 아내가 아픈데 간절히 기도하지 않을 남편은 없다. 그런데도 응답받지 못한 걸 간절히 기도하지 않아서라고 한다면, 그 사람에게 하나님은 천지신명(天地神明) 중 하나일 뿐 더는 하나님이 유일신은 아니렷다. 간절히 기도해서 응답받을 것 같으면, 그것은 치성이지 기도는 아니다.

기도하면 병이 낫고, 돈이 생기고, 취업하고, 결혼하고, 명예가 생기고, 성공한다고 한다. 기도하면 마누라 얼굴이 바뀐다나. 만날 남자의 출신대학이 바뀌고, 아파트 평수가 바뀌고, 통장의 잔액이 바뀌고, 자동차 크기가 바뀌고, 자식들의 지능이 바뀐단다.

심지어 임신한 자녀의 성별도 바뀐단다. 왜 그럴까? 보이지 않는 하나님을 믿은 게 아니라 보이는 것을 숭배하기 때문이다. 보이지 않는 하나님을 믿는 것보다 보이는 것을 믿는 게 훨씬 쉽기 때문이다. 그러니 무당을 찾아가 점을 보는 것이다.

출애굽기 32장에 이런 기사가 있다. 백성이 모세가 산에서 더디 내려오자 아론을 찾아간다. 그리고 자신들을 인도할 신을 만들라고 요구한다. 아론은 그들의 말을 듣고 사람들에게 금 고리를 받아 송아지 형상을 만든다.

> 아론이 그들의 손에서 금 고리를 받아 부어서 조각칼로 새겨 송아지 형상을 만드니 그들이 말하되 이스라엘아 이는 너희를 애굽 땅에서 인도하여 낸 너희의 신이로다 하는지라 _출 32:4

이때 하는 말이 가관이다. 송아지 형상을 가리키며 "애굽 땅에서 인도하여 낸 너희의 신"이라고 말한다. 이에 백성들은 앉아서 먹고 마시며 일어나서 뛰놀았다(출 32:6). 그런데 이게 사람들이다. 이게 이스라엘 백성의 모습이고, 이게 그리스도인의 모습이고, 이게 우리의 모습이다. 아니라고 부인하고 싶겠으나 바로 우리의 모습이다.

삼손의 힘은 머리카락에서 나오는 것이 아니다. 하나님이 삼손

힘의 근원이시다. 그러나 사람들은 보이지 않는 하나님이 아닌 눈에 보이는 머리카락에 집착한다. 바울의 힘은 손수건과 앞치마에서 나오는 게 아니다. 하나님에게서 나온다. 그러나 사람들은 하나님의 능력보다 눈에 보이는 능력에 혈안이 된다. 정답을 원한다. 확실한 걸 원한다. 이걸 어쩌랴. 하나님은 영이시니 눈에 보일 리 없다.

하나님은 영이시기에 귀에 대고 음성으로 들려주시지 않는다. 그러니 눈에 보이는 확실한 것으로 하나님을 대신하려고 한다. 무당을 찾아가 확실한 답을 달라고 한다. 내 앞날이 어떻게 될지 알려달라고 한다. 그러나 그것이 귀신에게 자신의 운명을 맡기고 물어보는 어리석고 무지하며 하나님을 심히 모독하는 행위임을 깨닫지 못한다.

하나님은 살아계신 분이다. 무소부재(無所不在)하시고, 무소불위(無所不爲)하시다. 그러나 미련한 이는 눈에 보이는 것으로 안정감을 찾으려 한다. 보이지 않는 하나님보다 보이는 것에 집착하면, 우리의 신앙이 미신적이고 기복적이 될 가능성이 크다. 잠잠히 하나님의 응답을 기다리시라. 잠잠히 하나님의 일하심을 기다리시라. 지금까지 잘해 왔으니 조금만 더 참으시라. 보이는 것은 잠깐이나 보이지 않는 것은 영원하다.

우리가 주목하는 것은 보이는 것이 아니요 보이지 않는 것이니
보이는 것은 잠깐이요 보이지 않는 것은 영원함이라 _고후 4:18

누구도 시원하게 답해 주지 못한
질문에 답하다

Part 4
회심한 그리스도인

01
구원이 뭐길래

감흥 없는 설교

설교자가 힘들어하는 설교는, 모두 알고 있는 내용을 다시 전하는 것이다. 그래서 절기설교가 어렵다. 매해 반복되는 부활절, 추수감사절, 성탄절 등의 설교는 할 때마다 고민이다. 그런데 이 모든 것을 초월하는 것이 있으니 바로 '복음' 설교렷다. 물론 모든 설교가 복음이겠으나, 여기서 복음이란 문자 그대로 예수 그리스도, 즉 구원에 관한 메시지를 말한다. 내용이 어려워서가 아니다. 수도 없이 들었기에, 별 감흥 없이 듣기 쉬운 설교이기에 그렇다. 그러나 분명한 사실은, 복음은 몇 번이라도 반복해서 들어야 하는 것이리라.

신약성경의 디도서는 바울이 그의 제자이자 목회자인 디도에게 보내는 목회서신이다. 그레데 섬에서 목회하던 디도에게, 바울이 몇 가지 당부의 말을 전하려고 이 편지를 쓴다. 기독교 초기에 생겨난 이단 중 하나인 '할례당'이 구원받는 조건으로 율법준수를 추가한다. 거짓된 교사들이 이 거짓교리를 가르쳤기에, 바울은 복음을 분명한 확신으로 붙잡으라고 당부한다. 감사하게도 바울의 메시지에 복음에 대한 내용이 담겨 있다.

구원의 대상

먼저 구원의 대상이 누구인가 하는 것이다. 바울은 디도에게 명확하게 말한다. 그 대상은 '모든 사람'이라고 말이다.

> 모든 사람에게 구원을 주시는 하나님의 은혜가 나타나 _ 딛 2:11

잘 알고 있는 그다지 특별하지 않은 사실인지도 모른다. 그러나 이 사실이 소망을 준다. 이 모든 사람의 범주 안에 나 그리고 당신도 들어 있기 때문이다. 심지어 아직 하나님을 알지 못하는 비그리스도인도 포함된다. 어느 특정한 계층이나 특별한 부류의 사람만 구원받는 게 아니다. 이 지구상에 존재하는 그 누구라 할지라도 구원의 대상이 된다. 이것이 은혜 아닌가?

> 예수께서 이 열둘을 내보내시며 명하여 이르시되 이방인의 길로도 가지 말고 사마리아인의 고을에도 들어가지 말고 오히려 이스라엘 집의 잃어버린 양에게로 가라 _ 마 10:5-6

예수님이 제자들을 파송하며 누구에게 가라고 하시는가? 이방인의 길로 가지 말고, 사마리아 고을에도 들어가지 말며, 이스라엘 집의 잃어버린 양에게로 가라고 명하신다.

> 예수는 한 말씀도 대답하지 아니하시니 제자들이 와서 청하여 말하되 그 여자가 우리 뒤에서 소리를 지르오니 그를 보내소서 예수께서 대답하여 이르시되 나는 이스라엘 집의 잃어버린 양 외에는 다른 데로 보내심을 받지 아니하였노라 하시니 여자가 와서 예수께 절하며 이르되 주여 저를 도우소서 대답하여 이르시되 자녀의 떡을 취하여 개들에게 던짐이 마땅하지 아니하니라 _ 마 15:23-26

가나안 여자가 귀신 들린 딸을 고쳐달라고 예수님께 요청한다. 이때 제자들에게 반복해서 말씀하신다. "나는 이스라엘 집의 잃어버린 양 외에는 다른 데로 보내심을 받지 아니하였노라"(마 15:24). 심지어 자녀의 떡을 개들에게 던지는 것이 마땅하지 않다는 말씀까지 하신다(마 15:26). 자녀의 떡은 이스라엘 백성을 위한 복이라는 의미다. 예수 그리스도의 복음이 유대인에게 우선권이 있다는 뜻이다. 그다음이 이방인이었다. 물론 우선권이 영구적이지는 않았다. 본격적인 이방인 전도는 예수님이 부활하신 후 그의 제자들, 특히 사도 바울에 의해 시작되었다.

오해하는 이가 있다. 우리가 이방인이라는 사실을 말이다. 그래서 이방인들 역시 믿음으로 구원받는다는 이 복음의 감격을 잊을 때가 많다. '이방인'이라는 말이 잘 와닿지 않는다. 성경에 등장하는 유대인과 다른 부류라고만 인식한다. 그러나 '이방인'의 사전적 의미는 '다른 나라 사람'이고, 영어로는 'foreigner' 혹은 'stranger'라는 단어를 사용한다. 일본 사람은 외국인이다. 내국인이 아니다. 중국 사람도 외국인이다. 겉모습이 비슷하다 하여 내국인이 될 수 없다. 우리나라 사람이 아니면 다 외국인이다. 마찬가지다. 이스라엘 백성이 아니면 모두 이방인이다. 유대인을 제외하면 모두 이방인인 셈이다. 그런데 예수 그리스도를 믿음으로 말미암은 구원의 은혜가 누구에게 주어졌는가? 이방인이었던 우리에게 주어졌다.

구원의 목적

둘째, 구원의 목적이 무엇인가 하는 것이다. 하나님이 우리를 구원하신 목적을 말하는 구절이 구약성경에 등장한다. 여호와께서 자기의 이름을 위하여 구원하셨다고 한다(시 106:8). 여호와를 찬송하게 하려고 지으셨다고 한다(사 43:21). 즉, 잃어버린 찬송을 회복하기 위함이다. 하나님이 받으셔야 할 찬송, 바로 예배를 회복하기 위해서다. 이것은 곧 선교의 목적이기도 하다.

> 그가 우리를 대신하여 자신을 주심은 모든 불법에서 우리를 속량하시고 우리를 깨끗하게 하사 선한 일을 열심히 하는 자기 백성이 되게 하려 하심이라 _ 딛 2:14

디도서에 나오는 구원의 목적은 구약보다 좀 더 관계적으로 접근한다. 하나님이 우리를 백성 삼으려고 구원하셨다. 놀라운 사실이다. 백성이란 어느 한 나라에 소속된 사람이다. 국민이라는 말이다. 어느 나라의 국민인가? 하나님나라의 국민이다. 신분이 바뀌었고, 소속이 바뀌었다. 하나님의 통치 아래 있는, 하나님나라의 국민이 되었다는 뜻이다. 이것이 바로 "나는 너희의 하나님이 되고 너희는 내 백성이 될 것이니라"(레 26:12)는 말씀의 의미다.

전에는 죄의 지배를 받았다. 마귀의 지배 아래 있었다. 그러나 신분이 바뀌었다. 하나님의 자녀가 되었다. 그리고 소속이 바뀌었다. 하나님나라의 국민이 되었다. 우리가 하나님나라의 국민이라면, 지금 사는 세상은 우리가 살게 될 나라가 아니다. 언젠가 하나님나라에 들어간다. 우리는 영원한 본향, 천국에 들어갈 자격을 얻은 하나님의 백성이다. 그래서 이 세상에서는 나그네다.

입대 후 훈련소를 나와 이병 계급장을 달고 실무에 들어가니, 일병 계급장 단 선임이 음침한 곳으로 불렀다. "너 그 병장 선임이랑 군생활 오래 할 것 같으냐, 나랑 오래 할 것 같으냐? 그러니 말 잘 들어라. 죽는다!" 고민할 필요 없다. 내게 협박하는 바로 '너'랑 오래 한다. 군생활 오래 하려면 바로 윗선임 말을 잘 들어야 한다.

당신에게 질문하겠다. 저 영원한 천국에서 하나님과 오래 살겠는가, 유한한 이 땅에서 교수나 직장 상사나 권세자들과 오래 살겠는가? 죽기 싫으면 하나님 말씀 잘 들으시라.

> 몸은 죽여도 영혼은 능히 죽이지 못하는 자들을 두려워하지 말

고 오직 몸과 영혼을 능히 지옥에 멸하실 수 있는 이를 두려워하라 _마 10:28

하나님나라의 자녀요 백성이라는 사실에 자부심을 느끼고, 세상의 권세에 주눅 들지 말고 당당하게 사시라. 하나님 말씀에 순종하며, 유한한 이 땅이 아닌 저 영원한 천국을 바라보며 사시라. 나도 그렇게 할 것이다.

구원의 동기

셋째, 구원의 동기가 무엇인가 하는 것이다. 이 질문은 이렇게 바꿀 수 있다. 과연 무엇이, 하나님이 우리를 구원하시게 했는가? 하나님께 우리를 구원하셔야 할 의무가 있을까? 사실 없다. 이해가 안 된다면, 죄 범한 자를 옥에 가둘 때 재판관이 그들을 용서해 줄 의무가 있는지를 생각해 보시라. 당연히 없다고 대답할 것이다. 10억을 빌려주었는데 상대가 돈을 갚지 못했다면, 채권자에게 10억 탕감의 의무가 생기는가? 그렇지 않다. 만약 탕감해 주었다면 이런 것을 뭐라고 할까? '은혜'라고 한다.

은혜는 신앙생활을 하면서 쉽게 사용하는 단어 중 하나다. 그래서 염려된다. 성경적 은혜의 정의는 '아무런 받을 자격 없는 자에게 거저주시는 하나님의 선물'이라고 할 수 있다. 도무지 탕감해 주어야 할 의무가 없는데도 그냥 값없이 탕감해 주는 것이 은혜다. 지은 죄가 커 도무지 해결할 방법이 없어 좌절하고 낙심해 있을 때, 아무런 조건과 대가 없이 용서해 주는 것, 이것이 바로 놀라운 하나님의 은혜다. 아무리 머리를 굴려도, 과학을 동원해도, 안간힘을 써보아도, 도덕적인 삶을 살고, 선행을 많이 베풀고, 산속에서 모든 유혹을 이겨내고, 심한 고행을 통해 수행을 쌓더라도, 도무지 해결할 수 없는 이 죄의 문제를 예수님의 죽음으로 해결해 주신 것, 이것이 은혜가 아니고 무엇일까. 이 은혜로 우리가 구원받았다.

구원의 동기가 무엇인가? 은혜다. 이 '은혜'라는 말 외에는, 우리가 구원받을 수 있는 다른 그 어떤 이유를 찾을 길이 없다.

구원의 방식

마지막 질문은, 구원의 방식이 무엇인가 하는 것이다. 어쩌면 이 '방식'이라는 말을 들었을 때 의아한 생각이 들 것이다. 말씀만으로 병든 자를 고치신다. 말씀만으로 죽은 자를 살리신다. 그런데 왜 말씀'만'으로 우리를 구원하지 않고 방법이 필요하냐는 것이다. 이렇게 생각해 보시라. 말씀'만'으로는 해결되지 않을 정도로, 즉 그 어떤 대가가 필요할 정도로 우리 이전의 상태가 심각했다는 사실이다.

> 그가 우리를 대신하여 자신을 주심은 모든 불법에서 우리를 속량하시고 우리를 깨끗하게 하사 선한 일을 열심히 하는 자기 백성이 되게 하려 하심이라 _ 딛 2:14

어떻게 구원하셨는가? 예수님이 우리를 대신해 자신의 생명을 주고 속량하셨다. 속량이란 노예의 몸값을 누군가 대신 지급하여 종의 신분에서 벗어나게 한다는 뜻이다. 이때 지급하는 돈을 '속전'이라고 한다. 노예의 몸값으로 속전을 지급해 종의 신분에서 벗어나게 한 것처럼, 예수님이 속전을 지급하고 우리를 속량하셨다.

한 가지 의문이 생길 것이다. '우리가 노예였단 말인가?' 예수님이 왜 속전을 치르고 우리를 속량하셔야 했을까? 우리의 원래 신분이 노예였기 때문이다. 누구의 노예였나? 죄의 노예였다. 죄의 종노릇하고, 마귀의 종노릇하던 사람이었다(롬 6:6). 그런데 속전을 내고 속량하심으로, 이제 죄와 마귀의 종에서 하나님의 자녀가 되었다. 할렐루야!

사실 우리는 이런 사실에 별 감흥이 없다. 정말 많이 들었기 때문이다. 그러나 말로 설명할 수 없을 정도로 위대하고 놀라운 진리의 말씀이다. 왜 그럴까? 속전의 크기 때문이다.

쉬운 질문 하나 해보겠다. 우리를 죄의 노예에서 속량하시려고 예수님이 지급하신 속전은 얼마인가? 예수 그리스도 자신이다(딛 2:14). 그렇다면 속전의 크기가 얼마인가? 예수님의 생명만큼! 이제 감이 오는가? 우리를 구원하기 위해 예수님이 생명을 주시지 않으면 안 될 정도로, 우리의 죄가 말할 수 없이 크다는 사실이다. 몸값이 한 도시의 1년 예산도 아니요, 한 나라의 1년 예산도 아니다. 예수님의 피 값, 바로 생명을 주셔야 할 정도로 우리는 심각한 죄인이었다.

그런데도 우리가 구원받는 데 믿음만으로는 부족하다고 주장하는 이단이 있으니, 정말 통탄을 금할 수가 없다. 만약 예수 그리스도를 믿는 믿음이 부족하여 뭔가 더 필요하다고 생각한다면, 그는 씻을 수 없는 죄를 범하고 있다는 것을 기억하시라. 예수님이 십자가에 달리시어 채찍질당하고, 침 뱉음을 당하고, 수많은 사람 앞에서 벗은 몸을 보여주는 수치와 수모를 당하면서까지 흘린 보배로운 피를 모독하기 때문이다.

구원에 왜 믿음만을 요구하실까? 왜 다른 조건을 추가하지 않으실까? 이 구원의 은혜가 무척이나 크고 값지기 때문이다. 그런데 왜 공짜냐고? 공짜로 준 거 보니 값싼 거 아니냐고? 아니다. 공짜가 아니면 줄 방법이 없기 때문이다. 그 어떤 대가로도 갚을 수 없을 정도로 귀한 것이기에, 거저주지 않으면 받을 길이 없기 때문이다. 그래서 '은혜'라는 말을 쓴다. 아무런 받을 자격 없는 자에게 거저주시는 하나님의 선물, 바로 이 은혜로 우리가 구원받았다.

02
보이지 않는 하나님을 믿으라고?

보지 못하고 믿어야 하는 세대

"난 안 본 건 안 믿어. 보이지도 않는 하나님을 믿는 사람이 바보지." 비그리스도인에게 많이 들은 말이다. 속으로 '네 엄마가 널 낳는 건 봤냐?' 생각했다. 엄마 배에서 나오는 걸 보지 못했으면서 '엄마'로 믿는 것과, 부활하신 예수님을 보지 못했으면서 '주님'으로 믿는 것은 별반 다를 게 없다. 혈액형이나 생김새로 부모인 걸 짐작할 수 있겠지만, 닮지 않은 사람도 많다. 사람들이 나를 보고 주병진과 박찬호를 닮았다고 했다. 이후 발전하여 황정민이라나. 어찌 되었든 그마저도 다르다면 호적상의 기록으로 부모인 걸 믿는 수밖에 없다. 그러나 내가 태어나는 걸 본 적도 없을뿐더러 신생아 때의 기억조차 없다. 우리는 그저 믿는다. 기록된 사실을 통해.

옳든 그르든 기록을 믿고 기록으로 믿는다. 21세기를 살아가는 그 누구도 고조선, 삼국, 통일신라, 고려 및 조선 시대를 살아본 사람은 없다. 조선말이나 근대 이후를 살아본 이들은 있겠지만, 그 이전은 살아보지 못했다. 이성계의 위화도회군이나 함흥차사와 무학대사, 연산군의 중종반정이나 광해군의 인조반정 등의 사건을 경험한 사람도 없다. 역사적인 기록을 통해 알 수 있고, 그 기록이 사실이든 거짓이든 믿을 수밖에 없으며, 실제로 지금도 그렇게 믿고 있다. 물론 곰이 쑥과 마늘을 먹고 여자가 되어 웅녀가 되었다고 믿는 이는 없으렷다. 세상에는 보지 않고도 믿어야 하는 것이 많다. 과학적으로 증명된 것만 믿는 사람은 많은 것을 놓칠 수 있다.

역사가마다 사관(史觀)이 있어 저마다 각 시대를 다르게 평가한다. 심지어 책마다 상이한 기록이 있기도 하다. 태조 왕건의 마실 물 위에 버들잎을 띄워준 여인을 유화부인으로 기록하는 이가 있는가 하면, 둘째부인인 장화왕후 오 씨로 기록한 책도 있다. 실제로 왕건이 물을 마셨다고 알려진 전남 나주시의 완사천 안내문을 읽어 보면, 버들잎을 띄워준 여인을 장화왕후 오 씨로 기록했고, 이 둘 사이에서 나온 아들을 고려의 제2대 왕 혜종으로 보고 있다. 나는 역사가가 아니니 이 정도 수준밖에 모른다. 그러나 책마다 역사적 사실이 다르게 기록된 것은 이해한다. 복음서의 저자마다 같은 내용을 관점에 따라 다르게 기록하기도 했으니 말이다. 사람들은 자신이 본 책의 내용만 사실로 믿을 것이다. 그래서 책 한 권만 읽은 사람이 가장 무섭다고 하지 않던가. 독서하지 않는 그리스도인은 맹목적인 그리스도인이 된다. 지성 없는 신앙은 성숙해질 수 없다.

현대인들은 기록이 옳든 그르든 믿고 있다. 일부 그 사실의 진위를 의심하는 이도 보았지만, 역사 자체를 의심하는 사람은 보지 못했다. 이러한 역사에 비해 성경의 역사는 훨씬 객관적이다. 성경은 위대한 왕 다윗이 밧세바를 간음한 사건을 가감 없이 밝힌다. 위대한 사도 베드로가 예수님을 세 번이나 부인했던 치부를 드러내기도 한다. 믿음의 조상이라 일컫는 아브라함이 자신의 아내 사라를 누이라 속이는 치졸한 장면도 기록할 뿐 아니라, 야곱이 팥죽 한 그릇으로 에서에게 장자권을 얻는 비열한 행위도 그대로 소개한다.

내 짧은 생각이지만, 위대한 인물의 치부를 드러내는 성경이 우리가 믿고 있는 역사책보다 훨씬 객관성이 높다. 그 나라 건국의 정당성을 위해 그리고 왕의 정통성을 인정하기 위해, 때로는 역사적인 사실을 왜곡하거나 삭제하면서까지 미화하여 기록할 수도 있었던 사실에 대해서는 믿어 의심치 않는다. 그러면서 성경의 역사에 대해서는 믿지 않는 사람들을 볼 때, 종교에 대한 선입견이 믿음에 장애가 된다는 생각이 든다.

도마의 의심은 무죄

부활하신 예수님이 '디두모'라 불리는 도마에게 나타나셨다. 대부분 도마를 그리 긍정적으로 평가하지 않는다. 의심의 아이콘이라고나 할까. 부활하신 예수님을 의심했기 때문이다. 그래서 도마를 '비관론자' 내지는 '회의주의자'로 혹평한다. 그러나 나는 도마를 보며, 나 같아도 똑같이 의심했을 거라 생각했다. 도마처럼 합리적인 의심을 하는 것이 바람직한 신앙이라 생각했기 때문이다.

새신자 부서를 담당한 적이 있다. 새신자가 온다면, 신천지 같은 이단이 악의적인 목적으로 교회에 침투한 것인지 아닌지 의심해야 하는가, 아니면 전도하기 어려운 이때 왔으니 의심 없이 받아줘야 하는가? 전자다. 합리적인 의심을 해야 한다. 그게 목회자의 의무요, 특히 새신자 부서를 담당하는 내 사명이다. 성도가 모두 새신자를 이단으로 의심해 편견으로 대하면 안 된다. 그러나 목회자 특히 새신자 부서를 담당하는 목사인 내가 합리적 의심

없이 등록시키면 그건 직무유기다. 물론 도마의 의심이 이것과는 다른 유형이나, 무조건 깎아내릴 수만은 없다는 게 내 생각이다.

> 열두 제자 중의 하나로서 디두모라 불리는 도마는 예수께서 오셨을 때에 함께 있지 아니한지라 다른 제자들이 그에게 이르되 우리가 주를 보았노라 하니 도마가 이르되 내가 그의 손의 못 자국을 보며 내 손가락을 그 못 자국에 넣으며 내 손을 그 옆구리에 넣어 보지 않고는 믿지 아니하겠노라 하니라 _요 20:24-25

도마는 부활하신 예수님이 제자들에게 오셨을 때 함께 있지 않았다. 그래서 부활하신 주님을 보았다는 다른 제자들의 말에, 손가락을 예수님의 못 자국과 옆구리에 넣어보지 않고는 믿지 않겠다고 대답한다. 이 대답만으로는 도마가 부활이라는 사실 자체를 의심한 것인지, 제자들이 보았다는 주님이 정말 부활하신 예수님인지를 의심한 것인지 알 수 없다. 정황상으로 도마는 부활 자체를 의심했던 것 같다. 그러나 나는 여기에 관심 없다. 이 상황에서 도마의 의심이 과연 합리적인지 믿음 없는 행동인지를 따지고 싶을 뿐이다.

다른 제자들도 의심한 건 마찬가지다. 그들 역시 예수님이 살아나셨다는 것과 마리아에게 보이셨다는 것을 듣고도 믿지 않았으니 말이다(막 16:11). 사실 도마는 열정이 있었고 예수님께도 헌신적이었다. 예수님이 마르다와 마리아의 오라버니인 나사로를 살리러 가자고 했을 때, 함께 죽으러 가겠다고 말한 사람이다(요 11:16). 그러니 다른 것으로 그를 비난한다면 충분히 이해하겠으나, 부활하신 예수님을 의심했다는 이유로 비난받는다면 그로서는 꽤 억울하렷다.

예수님은 부활 후 갈릴리로 갈 것을 제자들에게 말씀하셨다. 여인들을 통해서도 재차 명령하셨다. 그러나 제자들은 어찌 된 영문인지 유대에 머물러 있었다. 아마도 도마를 기다리기 위함이었으리라. 여드레가 지나 제자들이 도마와 함께 집 안에 있을 때 예수님이 나타나신다.

> 도마에게 이르시되 네 손가락을 이리 내밀어 내 손을 보고 네 손을 내밀어 내 옆구리에 넣어 보라 그리하여 믿음 없는 자가 되지 말고 믿는 자가 되라 도마가 대답하여 이르되 나의 주님이시요 나의 하나님이시니이다 _요 20:27-28

"그리하여 믿음 없는 자가 되지 말고 믿는 자가 되라"는 예수님의 말씀이 내 마음을 울린다. 결국 주님이 원하신 건 당시 제자뿐 아니라 이후 시대를 살아가는 모든 사람, 바로 현 시대를 살아가는 모든 이가 믿음 없는 자가 아닌 믿는 자가 되는 것이다. 비록 도마를 통해 말씀하시나, 오늘날을 살아가는 우리와 믿지 않은 모든 이가 들어야 할 메시지다. 그러면서 한 말씀 덧붙이신다.

> 예수께서 이르시되 너는 나를 본 고로 믿느냐 보지 못하고 믿는 자들은 복되도다 하시니라 _요 20:29

예수님의 초점은 도마의 의심에 있지 않다. 오히려 이후 시대를 살아갈 모든 이의 믿음에 있다. 예수님 이후 세대는 보지 않고 믿어야 하기 때문이다. 그렇다. 보지 못하고 믿는 자들이 복되다. 우리는 예수님의 부활을 직접 보지 못했다. 단지 성경의 기록을 통해 부활을 의심 없이 믿을 뿐이다. 세상은 여전히 우리의 믿음을 공격한다. 여러 과학적이고 합리적인 설명으로 기독교의 진리를 훼손하려 한다. 그러나 예수님이 이미 말씀하신 것처럼, 이해해서 믿는 게 아닌 보지 못한 것을 믿는 자에게 복이 있다. 믿음은 결정이고 선택이다. 처음부터 믿어지는 사람은 없다. 의심이 드는 건 어찌 막을 수 없다.

> 베뢰아에 있는 사람들은 데살로니가에 있는 사람들보다 더 너그러워서 간절한 마음으로 말씀을 받고 이것이 그러한가 하여 날

마다 성경을 상고하므로 _ 행 17:11

베뢰아에 있는 사람들은 날마다 성경을 상고했다고 한다. '상고하다'의 헬라어 원어는 '아나크리노'다. 이것은 '자세하게 골라내다' '체를 쳐서 가려내다' '탐색하다' '조사하다'의 뜻을 내포한다. 베뢰아 사람들은 자신들이 받은 말씀이 정말 그러한지 확인하려고 날마다 성경을 연구하고 조사했다.

의심이 나쁜 것은 아니다. 사람이니 의심한다. 의심하지 않는 이가 더 위험하다. 그러므로 생각해야 한다. 상고한 결과 이것을 진리라고 판단하면, 그때는 믿기로 선택하고 결정해야 한다. 믿기로 선택하고 결정한 순간, 성령께서 믿어지는 은혜를 허락하시리라.

03
믿음이 뭐길래

긍정 vs 믿음

믿음으로 산다고 한다. 그런데 그 믿음을 오해할 때가 있다. 한 예로, 뭔가를 간절히 기도할 때 응답받을 것 같은 느낌이 강하게 드는 것을 믿음이 좋다고 말한다. 반대로 응답받을 거라는 확신이 없으면 믿음 없는 것으로 간주한다. 그러나 믿음은 느낌이나 감정의 정도로 평가할 수 없다.

믿음은 감정이 아닌 '말씀'을 신뢰하는 것이다. 하루에도 시시각각 변하는 감정을 신뢰하는 게 아니라, 일점일획도 변함없는 하나님의 말씀을 신뢰하는 것이다. 때로는 나를 괴롭히는 부모나 형제자매가 내 가족이 아닌 것처럼 느껴질 때가 있다. 그런데 어쩌랴. 내 감정이나 느낌과는 상관없이 호적에 내 부모요 형제자매로 명시되어 있으니. 내 의지와 느낌과는 무관하다. 사실은 사실이다. 구원 역시 마찬가지다. 죄지은 후로 구원받지 못할 거라는 느낌이 들 때가 있다. 그러나 구원은 느낌이 결정하는 게 아니다. "주 예수를 믿으라 그리하면 너와 네 집이 구원을 받으리라"(행 16:31)는 하나님의 말씀이 구원을 보증한다.

기독교는 믿음의 공동체지 긍정의 공동체가 아니다. 자칫 긍정적인 것을 믿음으로 착각할 때가 있다. 사업이 부도나서 힘들어하는 성도에게 말한다. "걱정하지 마세요. 금방 회복할 거예요." 중병에 걸린 성도에게 말한다. "염려하지 마세요. 다 나을 거예요." 고통과 고난을 겪는 성도에게도 말한다. "잘 될 거예요." 듣는 이는 상대의 말처럼 잘 될 것으로 확신하는 것을 믿음이라 생각한다. 오해다. 이런 착각이 한국 교회 성도들을 나약한 그리스도인으로 만들었다.

잘 될 거라는 그의 말에는 근거가 없다. 그저 예수님을 믿으니 하나님이 복 주셔서 회복하고, 낫고, 잘 될 거라는 '느낌'이 있을 뿐이다. 느낌은 느낌일 뿐 사실이 아니다. 느낌과 달리 사업은 계속 실패할 수 있고, 희망과 달리 병에서 회복하지 못할 수도 있으며, 기대와 달리 잘 안 될 수도 있다. 이때 하나님은 나를 싫어하신다고 생각하거나 계시지 않는다고 생각해 신앙을 버릴 수도 있다. 긍정을 믿음으로 착각한 데서 온 폐단이다.

메뚜기 vs 먹이

긍정을 믿음으로 착각하게 만든 데는 설교자도 일조했다. 물론 고민 없는 일부 설교자다.

> 여호와께서 모세에게 말씀하여 이르시되 사람을 보내어 내가 이스라엘 자손에게 주는 가나안 땅을 정탐하게 하되 그들의 조상의 가문 각 지파 중에서 지휘관 된 자 한 사람씩 보내라 _ 민 13:1-2

여호와께서 모세에게 가나안 땅을 정탐하라고 명하신다. 이에 모세는 각 지파에서 한 명씩 열두 명을 선출한다. 주지하듯 갈렙과 여호수아가 열두 명 안에 포함된다. 정탐꾼들은 가나안 땅을 정탐하고 돌아온 후 모세에게 보고한다.

바란 광야 가데스에 이르러 모세와 아론과 이스라엘 자손의 온 회중에게 나아와 그들에게 보고하고 그 땅의 과일을 보이고 모세

> 에게 말하여 이르되 당신이 우리를 보낸 땅에 간즉 과연 그 땅에 젖과 꿀이 흐르는데 이것은 그 땅의 과일이니이다 그러나 그 땅 거주민은 강하고 성읍은 견고하고 심히 클 뿐 아니라 거기서 아낙 자손을 보았으며 아말렉인은 남방 땅에 거주하고 헷인과 여부스인과 아모리인은 산지에 거주하고 가나안인은 해변과 요단 가에 거주하더이다 _민 13:26-29

정탐꾼 열 명은 가나안 땅의 과일을 보여주며, 젖과 꿀이 흐르는 땅이라는 보고로 입을 연다. 회중이 환호했으리라. 그러나 이후 발언은 실망감을 안겨준다. 가나안 땅의 거주민은 강할뿐더러, 성읍은 견고하고 심히 크다는 것이다. 심지어 아낙 자손을 보았다고 한다. 아낙 자손은 네피림 후손으로 가나안 족속 이전에 그 땅에 존재했던 원주민이다. 그들은 신체가 크고 강한 거인 족속이었다(민 13:33). 정탐꾼 열 명은 결과를 한 마디로 요약 보고한다. 우리는 '메뚜기'다.

> 거기서 네피림 후손인 아낙 자손의 거인들을 보았나니 우리는 스스로 보기에도 메뚜기 같으니 그들이 보기에도 그와 같았을 것이니라 _민 13:33

온 회중이 밤새도록 통곡하며 모세와 아론을 원망한다. 애굽에서 잘 있던 우리를 데리고 나와서는 고생시킬 뿐 아니라 이제는 죽이냐는 것이다. 이때 여호수아와 갈렙이 나선다.

> 그 땅을 정탐한 자 중 눈의 아들 여호수아와 여분네의 아들 갈렙이 자기들의 옷을 찢고 이스라엘 자손의 온 회중에게 말하여 이르되 우리가 두루 다니며 정탐한 땅은 심히 아름다운 땅이라 여호와께서 우리를 기뻐하시면 우리를 그 땅으로 인도하여 들이시고 그 땅을 우리에게 주시리라 이는 과연 젖과 꿀이 흐르는 땅이니라 다만 여호와를 거역하지는 말라 또 그 땅 백성을 두려워하지 말라 그들은 우리의 먹이라 그들의 보호자는 그들에게서 떠났고 여호와는 우리와 함께 하시느니라 그들을 두려워하지 말라 하나 온 회중이 그들을 돌로 치려 하는데 그 때에 여호와의 영광이 회막에서 이스라엘 모든 자손에게 나타나시니라 _ 민 14:6-10

정탐한 땅은 심히 아름다운 땅이라고 말한다. 여호와께서 우리와 함께하시니 두려워하지 말라고 설득한다. 여호수아와 갈렙, 이 정탐꾼 두 명은 결과를 한 마디로 요약 보고한다. 그들은 우리의 '먹이'다.

정탐꾼 열 명은 부정적인 보고를, 두 명은 긍정적인 보고를 한다. 고민 없이 성경을 읽으면, 부정적으로 보고한 정탐꾼 열 명은 악한 사람이요, 긍정적으로 보고한 두 명은 선한 사람이 된다. 하나님이 함께하시면 얼마든지 승리할 수 있는데, 이렇게 부정적인 것은 믿음이 없는 것이라고 지적한다.

그러나 따지고 보면, 정탐꾼 열 명은 객관적으로 정확하게 보고했다. 이들은 가나안 땅을 성실하게 탐색한 뒤, 우리의 전력으로는 절대 그들을 이길 수 없다고 정확하게 분석했다. 이들의 보고는 사실이다. 거짓이 아니다. 오히려 여호수아와 갈렙이 회중을 부추겨 그들과의 전쟁에서 사망에 이르게 할 수도 있는 상황이다. '먹이'보다 '메뚜기'가 훨씬 설득력 있다.

그런데 하나님은 정탐꾼 열 명과 회중을 책망하신다. 열 명이 무슨 잘못을 했단 말인가? 그들은 모세의 명령을 따라 성실하게 정탐한 뒤, 객관적이고 정확한 분석의 결과를 내놓은 것밖에 없는데 말이다.

하나님 말씀이다. 그렇다. 이것이 두 그룹의 결정적 차이다. 하나님은 이미 가나안 땅을 주겠다고 약속하셨다. 이 언약의 말씀을 믿었느냐 그렇지 못했느냐가, 메뚜기인지 먹이인지를 결정했다. 긍정적으로 생각했느냐 부정적으로 생각했느냐가 하나님의 칭찬과 책망을 구분하는 게 아니다. 긍정과 부정이 믿음이 있고 없고를 결정하는 게 아니다. 하나님 말씀의 여부가 믿음의 여부를 결정한다.

> 그러므로 우리는 두려워할지니 그의 안식에 들어갈 약속이 남아 있을지라도 너희 중에는 혹 이르지 못할 자가 있을까 함이라 그들과 같이 우리도 복음 전함을 받은 자이나 들은 바 그 말씀이 그들에게 유익하지 못한 것은 듣는 자가 믿음과 결부시키지 아니함이라 _ 히 4:1-2

정탐꾼 열 명은 가나안 땅을 주시겠다는 언약의 말씀에 믿음을 결부시키지 못했으나, 여호수아와 갈렙은 언약의 말씀을 믿음과 결합했다. 무엇이 믿음인가? 하나님 말씀을 신뢰하는 것이 믿음이다.

04
나는 회심한 건가?

예수를 주로 고백하지 않으면

교회를 오래 다녔다고 해서 그리스도인이 아니다. 찬양대, 교사, 구역장 등으로 섬겼다고 해서 그리스도인이 아니다. 집사, 권사, 장로이기에 그리스도인이 되는 건 더더욱 아니다. 착각하면 안 된다. 기도를 유창하게 잘한다고, 성경을 많이 읽는다고, 큐티를 빠지지 않고 열심히 한다고 해서, 구원받은 그리스도인이라는 증거가 될 수는 없다. 예수를 주와 그리스도로 믿지 않으면서 자신을 그리스도인으로 생각했다면 어리석은 일이다.

그런즉 이스라엘 온 집은 확실히 알지니 너희가 십자가에 못

> 박은 이 예수를 하나님이 주와 그리스도가 되게 하셨느니라 하니라 _ 행 2:36

예수님을 주님으로 믿는가? 예수님을 그리스도로 믿는가? 다르게 질문해 보겠다. 주님으로 믿는다는 게 무엇인지 아는가? 그리스도를 믿는다는 게 어떤 것인지 아는가? 이 질문에 답할 수 없다면 당신은 그리스도인이 아니다. 시험 문제의 정답을 맞히지 못해서가 아니다. 그 믿음대로 살지 못했기 때문이다. 모르면 그렇게 살지 못한다. 자신을 구원받은 하나님의 백성으로 착각하며 살아온 것이지 구원받은 건 아니다.

그리스도인인지 아닌지를 결정하는 중요한 한 가지는, 내게 예수님이 주가 되는가 하는 것이다. 만약 예수님이 당신 삶에 주인이 아니고 여전히 당신이 주인이라면 당신은 그리스도인이 아니다. 여기서 그리스도인이 아니라는 건, 수사학적 의미에서 '당신은 그리스도인이긴 하나 좋은 그리스도인은 아닙니다'라는 의미가 아니다. 문자적으로 구원받지 못한 그리스도인이라는 말이다. 물론 살아가면서 모든 일을 주의 뜻대로 할 수는 없다. 주께서 내게 원하시는 것이 힘들고 어려운 짐이어서 불순종할 때도 있다. 나는 그걸 가리켜 그리스도인이 아니라고 말하는 게 아니다.

우리가 기도할 때 부르는 '주님'이라는 호칭애는 'Lord', 즉 주인이라는 뜻이 있다. 하나님은 내 주인이요 나는 주의 종이라는 뜻이다. 주인이 종에게 밥 좀 하라고 명령했는데, 지난밤 장작 패느라 밤을 새워 피곤하다고 잠을 자버린다면, 십중팔구 죽을 만큼 두들겨 맞거나 최소한 다리 하나는 부러질 것이다. 종이 종의 신분을 망각하고 주인 행세하다가는 죽음을 초래한다.

나는 길거리를 돌아다니는 비둘기를 보면 경악을 금치 못한다. 사람들이 지나가도 피할 생각을 하지 않는다. 오히려 옆으로 다가와 뭐 하나 얻어먹을까 하고 눈을 동그랗게 뜨고 쳐다본다. 자기가 반려동물인 줄 아나 보다. 나는 참새야말로 진정한 새라고 생각한다. 사람이 다가가면 놀라서 후다닥 도망간다. 자기들이 새라는 걸 안다. 그런데 비둘기처럼 행동하는 사람이 있다. 자신의 신분이 종인 줄 알지 못하고, 주인처럼 자기 삶을 마음대로 조정하는 사람들이다. 그들의 최후는 무엇인가. 사망이다.

하나님이 당신 삶의 주인인가? 삶의 주인으로 모신다는 건, 이제는 하나님 말씀대로 살겠다는 뜻이다. 예수님을 믿기 전에는 내가 원하는 대로 살았다. 이제는 그분의 뜻대로 살아야 한다. 이것이 예수님을 주로 인정하는 삶이다. 쉬운 일은 아니다. 내 원함과 하나님의 원함이 달라 고통스러울 때가 있다. 하나님은 아브라함에게 하나뿐인 아들 이삭을 바치라고 하셨다. 가슴을 후비는 듯 고통스러웠을 것이다. 중요한 것은 바로 그 순간 자신이 그리스도인인지 아닌지가 결정된다.

그리스도인이 아니면 이삭을 바칠 수 없다. 오랫동안 기독교 문화에 익숙해진 채로 살아왔기에 기독교화 된 것일 뿐이다. 교회를 수십 년 다녀도 기독교화 된 사람은 절대 이삭을 바치지 않는다. 아니 바칠 필요도 없고 그럴 필요성도 느끼지 못한다. 이 문제에 대해 고민하지도 않는다. 하나님이 주인이 아니기 때문이다. 내가 내 삶의 주인인데 무엇 때문에 하나님 말씀을 듣겠는가.

그러나 그리스도인은 다르다. 그리스도인이라 하더라도 이삭을 바칠 수도 있고, 그렇지 않을 수도 있다. 그러나 비그리스도인과의 명백한 차이가 있다면, 구원받은 그리스도인은 이삭을 바치라는 하나님의 명령을 심각하게 고민한다는 것이다. 그 결론은 순종일 수도 불순종일 수도 있다. 그러나 하나님의 뜻과 원함이 자신의 삶과 절대 무관한 것이 될 수 없다.

죄에 반응하지 않으면

구원받은 그리스도인 안에는 성령이 계신다. 성령이 계신다면, 하나님 말씀에 아무런 반응을 일으키지 않는 것은 불가능하다. 머리를 툭 치면 아파야 정상이다. 의지와 상관없다. 펄펄 끓는 기름에 물을 떨어뜨리면 반응이 나타난다. 기대와 상관없이 일어난다. 하나님의 뜻이 있다. 이 뜻이 나와 전혀 관계없고, 이 뜻에 아무런 감정이나 의지의 동요가 일어나지 않는다면 그리스도인이 아니다. 머리를 치면 아프고, 끓는 기름에 물을 떨어뜨리면 반응이 일어나듯, 내면에 성령을 모신 그리스도인이라면 하나님 뜻에 반응하지 않을 수 없다. 절에 다니는 사람에게 "하나님은 계시지 않아!" 하며 떠들어댄들 그들은 반응하지 않는다. 하나님의 존재 여부가 그들과 무관하기 때문이다. 그러나 그리스도인은 다르다. 누군가 하나님을 모욕하는 말을 하는데 마음이 편할 수는 없다. 최소한 분노가 일어나야 정상이다.

당신은 구원받은 그리스도인인가? 교회를 다닌다고 구원받은 건 아니다. 하나님의 뜻대로 행한다고 해서 구원받은 그리스도인으로 보증되는 것도 아니다. 하나님을 자기의 주인으로 모셔 들여야 한다. 성령께서 내 안에 계시는데, 어떻게 하나님의 이름을 더럽히는 상황에서 마음에 동요가 일어나지 않을 수 있을까. 죄를 짓고 있는데, 어떻게 하나님이 두렵지 않을 수 있을까. 물 밖에 나온 물고기가 다시 물을 만난 것처럼, 사막에서 헤매던 사람이 오아시스를 만난 것처럼, 자기 의지와 상관없는 반응이 나타나게 되어 있다. 하나님의 이름이 더럽혀지는 것이 싫고, 하나님 뜻대로 하지 않는 것이 마음에 걸리고, 하나님을 슬프게 하는 것에 죄송

한 마음이 들어 회개하는 반응이 나타나야 정상이다.

자기가 죄짓고 있는 걸 알면서도 늘 하는 식사기도를 아무렇지 않게 할 수 있다면, 그 사람은 구원받은 그리스도인이 아닐지도 모른다. 습관적으로 했던 식사기도지만, 기도하는 자신이 가식적이고 위선적이어서 도저히 하나님을 뵐 낯이 없기에 회개하지 않으면 견딜 수 없어야 정상이다. 이러한 것이 없다면 오랜 교회생활로 기독교화 된 것이지 구원받은 그리스도인이 아니다.

오래전 한 기사를 읽으며 부끄러워 얼굴이 화끈거렸던 적이 있다. 아버지가 자신의 어린 딸을 한강에 떨어뜨려 죽였다. 기자가 아버지를 인터뷰했다. "왜 딸을 죽였습니까?" 아버지가 대답했다. "도저히 딸을 기를 수 없는 형편이어서 어쩔 수 없이 죽여야만 했습니다." 기자가 물었다. "그런데 당신은 왜 죽지 않았습니까?" "자살하는 것은 죄가 되기에 죽을 수 없었습니다."

뭔가 이상했다. 이 아버지가 교회 다니는 사람이라는 생각이 들었다. 기자가 이상했는지 다시 질문했다. "그렇다면 딸을 죽인 건 죄가 아닌가요?" 아버지의 대답이 충격이었다. "네, 회개하면 하나님이 용서해 주십니다." 이 기사를 읽으며 나는 그리스도인이라는 사실이 부끄러웠다. 딸은 죽였으면서도 자살은 죄이므로 자신은 죽지 않았단다. 살인은 죄지만 회개하면 용서해 주신단다.

영화 〈밀양〉이 생각났다. 그 내용은 잘 아시리라. 신애는 교통

사고로 남편을 잃고 하나뿐인 아들과 함께 남편 고향인 밀양으로 이사한다. 어느 날 신애의 아들이 실종되고, 납치범의 협박 전화를 받게 된다. 아들을 살리기 위해 돈을 주었으나 끝내 아들은 주검이 되어 돌아온다. 그리고 범인은 아들이 다니던 학원 원장으로 밝혀진다. 남편과 아들을 잃은 신애는 우연히 들어간 교회에서 신앙생활을 시작하며 위로받는다. 그리고 아들을 죽인 범인을 용서하기로 마음먹고 교도소를 찾아가 범인과 대면한다. 신애는 그에게 당신을 용서하겠노라고 말한다. 그러나 원장은 자기도 이곳에서 하나님을 만나 용서받고 마음이 편해졌다고 한다. 원장의 반응에 신애는 무너진다. 신애 자신이 그를 용서하지 않았는데 누구에게 용서받고 편안하게 살 수 있냐며 하나님에게 배신감을 느낀다.

내가 고통을 준 사람이 여전히 피눈물을 흘리는데, 하나님께 용서받았다고 내 마음이 편할 수 없다. 참된 회개는 상대의 아픔에 통곡하며 내 가슴을 쳐야 한다. 그가 내 죄를 용서하여 웃음으로 화답할 때까지 말이다. 살인은 죄지만 회개하면 하나님이 용서해 주신다고 믿는 아버지나, 신애의 아들을 죽였지만 하나님께 용서받고 마음이 편해졌다고 말하는 원장이나 둘 다 정상적인 회개 반응이라 할 수 없다.

다시 아버지와 딸 이야기로 돌아가 보자. 회개하면 용서해 주시는 건 맞다. 그러나 회개하면 용서해 주시는 것을 알고 고의로 죄를 짓는 건 용서받을 수 없다. 진정으로 회심한 그리스도인은 살인 자체를 할 수 없다. 자기 안에 성령이 계시다면 살인은 불가능하다. 실수로 살인한 건 제하고 말이다. 살인하고 싶을 정도로 미워할 수 있을지는 모르나, 성령께서 살인하도록 양심과 마음을 내버려 두지 않으신다.

하나님의 영은 살리는 영이다. 죽이는 영이 아니다. 아버지가 딸을 죽인 건 마귀의 영에 조정당한 것이지 성령에 의한 것은 아니다. 그는 교회를 다니기에 자신을 그리스도인으로 착각했을지 모르나, 기독교화 된 것이지 구원받은 사람은 아니다.

구원받은 그리스도인은 예수를 주와 그리스도로 믿는 사람이다. 삶의 주인으로 모셔 들이고, 그분만을 구원자로 믿는 사람이다. 예수님이 당신의 주인인가? 하나님이 말씀하시면 나아가고, 하나님이 싫어하시면 멈춰 설 수 있는가? 하나님의 뜻과 원함이 자신과 무관한 것처럼 느껴지는가? 그렇다면 당신에게 호소하는 이번 장의 내용을 기억하시라. 그렇게 살면 안 된다. 결국에는 사망이다. 교회 다닌다고 구원이 보장되지 않는다. 그리스도인인 척 했던 것, 기독교화 된 것을 회개해야 한다. 그리고 진정 하나님을 자기 삶과 인생의 주인으로 모셔 들여야 한다. 하나님을 찾는 이들에게 반드시 찾아오시는 하나님의 은혜가 지금 이 글을 읽고 있는 당신에게 임하기를 축복한다.

05
구원이 영원하다고?

한 번만 구원받으면 되는가

앞장에서, 오랫동안 신앙생활하면서 봉사하고 찬양하며 기도했을지라도, 하나님이 삶에 주인이 아니면 기독교 문화에 익숙해져서 기독교화 된 것이라고 말했다. 조심스럽지만 기독교화 된 사람의 구원은 의심스럽다. 상대의 구원 여부를 함부로 판단할 수 없으나, 이 구원이 영원히 사느냐 죽느냐를 결정한다면, 내가 구원받은 사람인지 고민하는 것은 중요하다. 지금 고민해야 한다. 죽은 후에 구원의 문제를 고민하는 것은 어리석다.

누가 어떻게 하여도 너희가 미혹되지 말라 먼저 배교하는 일이

있고 저 불법의 사람 곧 멸망의 아들이 나타나기 전에는 그 날이
이르지 아니하리니 _살전 2:3

한 번 빛을 받고 하늘의 은사를 맛보고 성령에 참여한 바 되고
하나님의 선한 말씀과 내세의 능력을 맛보고도 타락한 자들은 다
시 새롭게 하여 회개하게 할 수 없나니 이는 그들이 하나님의 아들
을 다시 십자가에 못 박아 드러내 놓고 욕되게 함이라 _히 6:4-6

성경은 배교를 경고한다. 얼마든지 믿음을 버리고 신앙을 배반
할 수 있다고 한다. 그렇다면 한 번 구원은 영원한 구원일까? 그
렇다. 이건 불변의 진리다. 성경 곳곳에서 이 사실을 언급한다.

내가 그들에게 영생을 주노니 영원히 멸망하지 아니할 것이요
또 그들을 내 손에서 빼앗을 자가 없느니라 _요 10:28

너희는 다시 무서워하는 종의 영을 받지 아니하고 양자의 영을
받았으므로 우리가 아빠 아버지라고 부르짖느니라 성령이 친히
우리의 영과 더불어 우리가 하나님의 자녀인 것을 증언하시나니
_롬 8:15-16

> 너희 안에서 착한 일을 시작하신 이가 그리스도 예수의 날까지 이루실 줄을 우리는 확신하노라 _ 빌 1:6

영생을 얻은 사람은 결코 멸망하지도 그것을 빼앗기지도 않는다(요 10:28). 일시적이 아닌 영원한 삶이다. 한 번 하나님의 가족으로 들어오면 버림받지 않는다. 그것을 성령께서 증언하신다(롬 8:15-16). 또 하나님께서 시작하신 일을 스스로 마치신다(빌 1:6). 구원이 영원하지 않다면 늘 불안에 떨며 살아야 한다. 그러나 언약에 신실하신 하나님께서 이 구원을 계획하셨고, 예수님이 이 구원을 위해 십자가에 돌아가셨으며, 성령께서 이 구원을 인치심으로 보증하셨다. 그러므로 한 번 구원받으면 영원하다는 것은 자명한 사실이다. 비록 구원 이후 죄를 범할지라도, 우리의 회개는 하나님과 멀어진 교제를 회복하기 위한 '성화로서의 회개'이지, 원수 된 관계를 회복하기 위한 구원으로서의 회개는 아니다.

구원이 영원하다면 성경은 왜 배교를 경고하는가? 두 번째 질문을 던져야 한다.

나는 구원받은 사람인가

구원이 영원한지를 묻는 질문보다 더 긴급하고 중요한 질문이 있다. 바로 '나는 구원받은 사람인가?' 하는 것이다. 어쩌면 이 질문에 당황했으리라. 단 한 번도 자기의 구원을 의심해 보지 않았을 테니 말이다. 교회를 수십 년 다닌 사람이라도, 심지어 상대에게 당신의 구원을 점검해 보아야 한다고 말할 수 있는 사람이라도, 전혀 의심해 본 적 없는 질문이리라.

나는 당신에게 중요한 질문을 하려고 한다. '당신은 구원받은 사람인가?' 만약 누군가 내게 구원받았냐고 묻는다면 내 대답은 이렇다. "모릅니다." 목사지만 나는 내 구원 여부를 모른다. 한 번 구원이 영원한 구원이란 건 분명한 진리인데, 문제가 있다. 내가 구원받았는지를 그 누구도 알 수 없다는 사실이다. 그러면 누가 알까? 하나님만 아신다. 그러니 문제다. 구원받았다고 생각했는데 구원받지 못했을 수도 있고, 반대로 구원의 확신이 없어 구원받지 못했다고 생각했는데, 구원받았을 수도 있다.

나더러 주여 주여 하는 자마다 다 천국에 들어갈 것이 아니요 다만 하늘에 계신 내 아버지의 뜻대로 행하는 자라야 들어가리라 그날에 많은 사람이 나더러 이르되 주여 주여 우리가 주의 이름

> 으로 선지자 노릇 하며 주의 이름으로 귀신을 쫓아내며 주의 이름으로 많은 권능을 행하지 아니하였나이까 하리니 그 때에 내가 그들에게 밝히 말하되 내가 너희를 도무지 알지 못하니 불법을 행하는 자들아 내게서 떠나가라 하리라 _ 마 7:21-23

여기 경각심을 주는 충격적인 말씀이 있다. 주께 "주여, 주여!" 하는 모든 자마다 천국에 들어가는 것이 아니란다. 하늘에 계신 아버지의 뜻대로 행할 때 들어갈 수 있단다. 이 말씀을 오해하지 마시라. 과연 아버지의 뜻대로 완전하게 행하는 이가 있을까. 아무리 선하게 산다고 할지라도, 백 퍼센트 하나님의 뜻을 행할 수는 없다.

그러니 이 말씀은 '행함'으로 구원받을 수 있다는 뜻이 아니다. 오히려 '믿음'을 강조한다. 하나님의 뜻을 완전히 행할 수 없다. 그런데 가능한 한 분이 계신다. 예수 그리스도시다. 그러니 예수를 믿을 때만이 천국에 들어갈 수 있다는 말이다.

구원의 근거가 어디 있는가? 예수 그리스도에게 있다. 그런데 많은 사람이 자신의 삶에 구원의 근거를 둔다. 위험하다. 그날에 많은 이들이 말할 것이다. "우리가 주의 이름으로 선지자 노릇 하며 주의 이름으로 귀신을 쫓아내며 주의 이름으로 많은 권능을 행하지 아니하였나이까"(마 7:22). 그런데 예수님의 대답이 놀랍다. "내가 너희를 도무지 알지 못하니 불법을 행하는 자들아 내게서 떠나가라"(마 7:23)며 모른다고 하신다. 그것도 강조의 표현을 써서 '도무지' 모른다고 하신다. 이게 웬 마른하늘에 날벼락 같은 말씀인가. 구원받았다고 믿었는데, 실상은 구원받지 못했을 수도 있다.

여전히 같은 사람이 있다. 구원의 근거를 자신의 삶과 행함에 둔다. 교회에 출석한 것, 헌금 낸 것, 찬양대며 교사며 구역장으로 봉사한 것, 전도한 것, 성경 읽은 것, 큐티한 것 등. 이것을 했으니 구원받았다고 믿었다. 착각이었다. 실상은 아니었을지도 모른다.

하나님은 그의 자녀들이 '구원의 확신'을 갖고 살아가길 원하신다. 내가 구원받았는지 그렇지 않은지를 걱정하며 불안해하는 걸 원치 않으신다. 문제는 이 '구원의 확신'이라는 것이다. 이것이 구원받은 이에게는 구원의 안정감을 줄 수 있으나, 반대로 구원받지 못한 이에게는 멸망으로 인도하는 거짓 확신을 심어줄 수 있다.

자기의 구원 여부는 하나님만이 아신다고 이미 언급했다. 그러니 자기가 가지고 있는 '구원의 확신'이 구원의 안정감인지 거짓 확신인지 역시 자신이 아닌 하나님만 아신다. 스스로 구원받았다고 생각하며 구원을 확신하고 살았는데, 알고 보니 구원받지 못했다면 얼마나 무서운 일인가.

나는 구원의 확신이 있는 것을 문제 삼고 싶지 않다. 내가 염려

하는 건, 구원을 확신하게 된 근거가 무엇이냐는 것이다. 이 근거가 중요하다.

06
구원의 확신이 없는 이유

감정의 실체

'확신'이란 것은 개인의 감정과 느낌의 영역이다. 어떤 사람을 처음 본 순간 좋은 사람이라고 확신하는 이가 있는가 하면, 이상한 사람이라고 확신하는 이도 있다. 또 어떤 사람이 물건을 팔면서 제시한 가격에 정직하게 판매한다고 확신하는 이가 있는가 하면, 비싸게 판다고 확신하는 이도 있다. 이처럼 확신은 철저하게 개인의 감정과 느낌, 즉 주관적인 영역이다.

구원의 확신 역시 마찬가지다. 확신이 있다고 해서 구원받은 것은 아니다. 반대로 구원의 확신이 없다고 해서 구원받지 못한 증거가 될 수 없다. 구원의 확신 여부가 구원 여부를 결정짓지 않는다. 성경 어디에도 구원의 확신을 구원의 증거로 말하는 곳은 없다. 그러니 죽기 직전 구원의 확신이 있는지, 지금 죽어도 천국 갈 확신이 있는지를 묻는 것은 상대에게 별 도움이 되지 않는다.

소위 신실하다는 이들에게서 십자가와 부활의 감격이 없다면 구원받은 그리스도인이 아니라는 말을 들어본 적이 있다. 또 구원받은 그리스도인이라면 당장이라도 길거리에 뛰쳐나가 복음을 전하고 싶은 마음에 견딜 수 없어야 한다는 말도 들었다. 만약 그것이 구원의 여부를 결정짓는 기준이라면, 나는 천국 백성이 아닐지도 모른다. 비록 목사이나 항시 십자가의 감동과 부활의 감격이 있지는 않다. 십자가를 생각하면 눈물이 나서 견딜 수 없어야 하는데, "예수님이 부활하셨어요!"라는 누군가의 외침에 내 가슴이 떨리지는 않는다. 아니 정확하게 매번은 아니라고 말해야겠다. 주일 사역을 마치면 방바닥에 피곤한 몸을 던지고 싶을 뿐, 한 영혼에라도 복음을 전하기 위해 지하철로 달려가고 싶은 마음은 솔직히 없다. 만약 구원받은 모든 이들이 복음을 전하고 싶은 마음으로 충만하다면, 벌써 온 세상에 복음이 전파되어 종말이 왔으리라(마 24:14).

그렇다고 오해하지 마시라. 십자가와 부활을 생각할 때마다 감격스럽고, 복음을 전하고 싶은 마음으로 충만해야 한다는 것을 부인하는 것은 아니다. 그러나 그 누구도 그런 감격만을 가진 채로 살아갈 수는 없다. 십자가와 부활을 생각할 때마다 감격하는 건 불가능하다. 그러나 가능하기도 하다. 성령으로 충만하면 말이다. 성령으로 충만하면, 십자가를 생각할 때마다 눈에서 눈물이 흐른다. 사망 권세를 깨뜨리고 죽음에서 부활하신 예수님을 생각하면 기쁨과 감격으로 충만해진다. 복음을 듣지 못해 죽어가는 이들을 생각하니, 긍휼한 마음에 복음을 전하게 된다. 성령으로 충만할 때 말이다.

문제가 있다. 평생 성령으로 충만한 채 사는 것은 불가능하다는 것이다. 평생 죄짓지 않고 살 수는 없다. 성경은 성령으로 충만함을 받으라고 명령한다(엡 5:18). 그렇다. 명령이다. 우리 삶이 늘 성령으로 충만할 수 없으니, 끊임없이 성령으로 충만함을 받도록 애쓰라는 말이렷다.

또 성령을 소멸하지 말라고 경고한다(살전 5:19). 성령이 소멸한다고 한다. 그리스도인의 삶은 '성령충만'과 '성령소멸'을 반복한다. 내주하신 성령이 떠나지는 않으나, 분명한 사실은 성령도 소멸한다는 것이다. 사람마다 성령이 소멸하는 범위와 분량에는 차이가 있다. 많이 소멸하느냐 적게 소멸하느냐는 사람마다 다르다. 에너지를 말하는 게 아니다. 주인이신 하나님께 전적으로 자기의 삶을 맡기는 정도를 말한다. 어느 정도 주 되심을 인정하는지, 어느 정도 말씀에 순종하는지를 말한다.

나는 이것을 종종 숯에 비유한다. 성령으로 충만한 이는 불이 활활 타오르는 숯과 같다. 그러나 내가 내 삶에 주인 노릇을 하는 순간, 성령은 점점 소멸하여 끝내 불씨만 남은 숯이 된다. 내주하신 성령이 떠나는 것은 아닌 것처럼, 불씨만 남은 숯 역시 완전히 꺼진 것은 아니다. 그렇다고 불이 붙어 있는 것도 아니다. 이것이 성령이 소멸한 상태다. 그러나 공기를 불어 넣으면 다시 숯에 불이 붙는 것처럼, 성령으로 충만해질 수도 있다.

이처럼 그리스도인들에게 성령이 소멸할 수 있다는 것은 부인할 수 없는 사실이다. 인정해야 한다. 어떻게 성령으로 충만하게만 살 수 있단 말인가. 때로는 영적 침체에도 빠지고, 그러다 은혜받아 성령으로 충만해지기도 한다. 이것의 반복이다.

구원의 확신이든 십자가와 부활의 감격이든, '확신'과 '감격'은 모두 감정과 느낌의 영역이다. 반복해서 말하거니와, 구원의 확신이나 십자가와 부활의 감격이 있다고 하여 구원받은 증거가 될 수는 없다. 그것이 구원의 기준은 아니다. 감정은 '내가 무엇을 믿고 어떻게 생각하느냐에 따라 나오게 된 결과'다. 나는 개를 좋아한다. 전봇대에 묶여 있는 개를 보면 머리를 손으로 쓰다듬는다. 그때 어떤 이가 내게 미친개라는 정보를 흘린다. 그 말을 듣는 순간 내 안에 어떤 반응이 일어날까? 이 미친개에게 물리면 큰일 난다는 '생각'에 두려움과 공포가 밀려온다. 심장은 빨리 뛰고, 이마에는 식은땀이 흐른다. 이런 반응의 원인은 무엇인가? '생각' 때문이다. 이 미친개에게 물리면 큰일 난다는 생각이 두려움과 공포라는 감정으로 이어지게 한 것이다. 정신을 차리고 자세히 보니 단단한 쇠줄에 묶여 있다. 도저히 줄을 풀 수 없을 것처럼 보인다. 다행이라는 '생각'과 함께 안정감이 몰려온다. 무엇이 내게 안정감을 주었는가? 역시 '생각'이다.

이처럼 감정은 믿음과 생각에 따른 결과다. 따라서 감정은 내 상태에 대한 객관적인 정보를 제공하지 않는다. 지금 느끼는 감정이 결코 내 객관적인 상태가 아니다. 아무리 사나운 개가 나를 물려고 무섭게 짖을지라도, 쇠줄에 묶여 있으면 나를 해할 수 없다. 나를 해할 수 없는 것은 객관적인 사실이나, '혹시 줄을 풀면 어쩌지'라는 내 주관적인 생각 때문에 안전하다는 정직한 감정이 아닌 불안하다는 거짓된 감정이 따라오게 된다. 이것은 중요하다.

구원의 확신 역시 마찬가지다. 귀가 따갑게 말하거니와, 이 확신이 구원의 여부를 결정하지 않는다. 성경이 말하는 유일한 구원의 기준이 있다면, 바로 '예수가 내게 어떤 분인가?' 하는 질문에 얼마나 정확하게 고백하는가 하는 것이다. 예수를 구원자로 믿느냐 아니냐가 내가 구원받은 사람인지 아닌지를 구분하는 기준이다. 따라서 당신이 가지고 있는 확신의 근거가 하나님 말씀이 아닌 행위적인 요소, 예를 들어 모태신앙, 오랜 기간 교회 출석, 찬양대 및 구역장 봉사, 성경통독과 큐티 등의 여부 때문이라면 잘못된 확신이다. 아무리 강한 확신이라도 그것은 거짓 확신일 뿐이다. 그래서 무섭다.

성경은 왜 배교를 경고하는가

성경은 배교를 경고한다. 이런 경고는 한 번 구원이 영원한 구원이라는 진리를 의심케 할 수도 있다. 만약 우리의 구원이 영원하다면, 왜 주님에게서 멀어지는 것을 성경은 경고한단 말인가. 거짓된 믿음과 확신이 있기 때문이다. 예수 그리스도 안에서 믿음을 고백했는지는 모르나, 진정 예수를 자신의 구원자로 믿지는 않았다. 자신이 죽을 수밖에 없는 죄인이라는 사실을 진심으로 회개한 적이 없었다. 구원의 확신이 있긴 하나, 그 확신의 근거를 엉뚱한 데 두었다.

> 하나님이 세상을 이처럼 사랑하사 독생자를 주셨으니 이는 그를 믿는 자마다 멸망하지 않고 영생을 얻게 하려 하심이라 _요 3:16

> 이르되 주 예수를 믿으라 그리하면 너와 네 집이 구원을 받으리라 하고 _ 행 16:31

예수를 믿을 때 구원받는다는 하나님 말씀에 구원의 근거를 둔 것이 아니라, 종교적인 행위나 신앙의 연수 및 직분 등에 그 근거를 두었다. 이런 종교적 행위로 스스로 구원받은 사람이라고 착각했다.

구원의 확신이 없는 이유

이제 마지막 질문을 던질 때가 되었다. '구원의 확신이 없는 이유는 무엇인가?' 다르게 질문하겠다. '왜 거짓된 구원의 확신을 갖게 되는가?' 그것은 기초공사가 잘못되었기 때문이다.

> 그러므로 누구든지 나의 이 말을 듣고 행하는 자는 그 집을 반석 위에 지은 지혜로운 사람 같으리니 비가 내리고 창수가 나고 바람이 불어 그 집에 부딪치되 무너지지 아니하나니 이는 주추를 반석 위에 놓은 까닭이요 나의 이 말을 듣고 행하지 아니하는 자는 그 집을 모래 위에 지은 어리석은 사람 같으리니 비가 내리고

> 창수가 나고 바람이 불어 그 집에 부딪치매 무너져 그 무너짐이 심하니라 _마 7:24-27

예수님의 '반석 위에 지은 집과 모래 위에 지은 집' 비유가 실마리를 제공한다. 주춧대를 반석 위에 놓느냐 모래 위에 놓느냐에 따라 무너지는 정도가 다르다. 앞장에서 구원받는지 묻는 질문에 나는 모른다고 대답했다. 내 구원 여부는 오직 하나님만 아신다. 그런데 만약 내게 구원의 확신이 있느냐고 묻는다면, 내 대답은 확실하다. 그렇다.

내가 가진 구원의 확신은 목사이기 때문이 아니다. 기도를 열심히 해서도 아니다. 성경을 여러 번 통독해서도 아니요, 놀라운 기적을 체험했거나, 죽을병에서 살아났거나, 기도할 때 하나님의 음성을 들었거나, 찬양할 때 눈물이 나서도 아니다. 이런 것들 위에 집을 세웠다면 언젠가는 반드시 무너졌으리라. 심지어 어떡하든 잘 버텨서 무너지지 않았더라도, 하나님의 심판대 앞에 섰을 때 나를 모른다는 청천벽력 같은 말씀을 들었으리라.

앞서 나는 감정은 생각과 믿음에 따른 결과라고 말했다. 확신 역시 마찬가지다. 내가 무엇을 믿고 있느냐의 결과로 따라오는 것이다. 나는 예수님만이 내 유일한 구원자이심을 믿는다. 예수님만이 내 모든 죄를 사하실 수 있는 분임을 믿는다. 그리고 이 구원은 어떤 경우에도 철회되지 않을 것을 믿는다. 바로 이 믿음이, 내가 구원받았다는 확신으로 이끌었다. 내 구원의 확신은 하나님 말씀에 근거를 두고 있다. 하나님 말씀이 나를 구원의 확신으로 이끌어 간다. 그리고 예수님만이 내 구원자라는 분명한 말씀의 반석 위에 내가 서 있다면, 평생 이 확신은 흔들리지 않을 것이다. 내가 구원받았는지 나는 모르나, 나는 분명한 구원의 확신으로 저 푯대를 향해 달려갈 것이다. 우리는 모두 두렵고 떨림으로 구원을 이루어가는 사람들이다.

찬양에만 심취해 있는 이를 본다. 위험하다. 찬양은 좋은 것이나, 말씀의 반석 위에 믿음을 세우지 않고 찬양의 기초 위에 집을 세우면 무너진다. 기도에만 집중하는 이를 본다. 역시 위험하다. 기도라는 기초 위에만 집을 세우면 신비주의적인 신앙으로 변질된다. 자칫 신앙의 모습이 무미건조해 보여도, 말씀의 기초 위에 서 있는 사람은 흔들리지 않는다.

> 너희는 믿음 안에 있는가 너희 자신을 시험하고 너희 자신을 확증하라 예수 그리스도께서 너희 안에 계신 줄을 너희가 스스로 알지 못하느냐 그렇지 않으면 너희는 버림 받은 자니라 _고후 13:5

성경은 우리가 믿음 안에 있는지를 시험하고 확증하라고 권면한다. 구원의 문제보다 중요한 것이 또 있을까? 영원히 사느냐 죽느냐의 문제가 걸려 있다면, 하나님나라에 가는 그 순간까지 우리의 구원을 점검해야 한다.

어떻게 하겠는가? 끊임없이 예수님께 나아와 당신의 구원자인지 아닌지를 점검하시라. 구원의 확신이 있는가? 그 확신의 근거가 무엇인지 점검하시라. 그 근거가 하나님 말씀이라면 반석 위에 제대로 믿음을 세운 것이다. 그러나 그 근거가 어떤 신비로운 체험이나 감정적인 확신이라면, 모래 위에 믿음을 세우고 있다. 위험하다. 언젠가는 반드시 무너진다. 예수님이 어떤 분인지 당신 자신에게 정직하게 질문해 보라.

07
죄짓지 않으려면

잘못된 시도

이상한 질문으로 시작하겠다. 죄는 지어도 되는가? 질문에 함정이 있다고 생각해 답하기를 주저하지 마시라. 그렇다면 죄를 짓지 않는 사람이 있는가? 없다. 나도 죄를 짓고 당신도 죄를 짓는다. 그래서 나는 죄짓지 않으려고 노력하나 여전히 죄를 짓는 내 모습에 위로받는다. 이게 무슨 해괴망측한 소리냐고? 내 솔직한 고백인 걸 어쩌랴.

나는 목사이기에, 아니 그리스도인이기에 죄에 민감하고 죄짓는 내 모습에 엄격하다. 어느 날 반복적인 죄를 짓고 고통스러워하는 내 모습에 평소와 다른 위로를 받았다. '나는 어쩔 수 없이 죄를 지을 수밖에 없구나. 하나님의 은혜가 아니면 안 되는구나.' 죄지을 수밖에 없는 연약한 인간임을 깨닫게 하시고, 늘 은혜를 베풀어주시는 하나님께 감사했다.

많은 그리스도인이 죄 문제를 고민한다. 믿음이 없는 이들은 죄에 민감하지 않다. 그러니 내가 죄 문제를 고민하고 있다면 그리스도인이라는 증거렷다. 문제는 이 죄 문제를 해결할 수 있는 사람은 없다는 것이다. 살면서 끊임없이 반복되는 죄 문제는 완전히 해결되지 않는다. 직분과 상관없고, 신앙 연수와도 상관없으며, 모태신앙과도 상관없다. 이 사실을 인정한다면 섣부르게 다시는 죄짓지 않을 거라고 단언할 수 없을 것이다. 아니 단언해서는 안 된다.

> 너희가 육신대로 살면 반드시 죽을 것이로되 영으로써 몸의 행실을 죽이면 살리니 _롬 8:13

육신대로 살면 반드시 죽는다고 성경은 경고한다. 죄의 본성에 따라 살면 죽는다는 말이다. 반대로 영으로써 몸의 행실을 죽이면 산다고 한다. 성령의 힘으로 몸의 악한 일들을 죽이면 우리 영혼이 산다는 것이다. 놀라운 말씀이다. 무엇으로 육체의 악한 행실을 죽인다고 하는가? 성령의 힘이다. 다른 성경에는 성령의 도우심을 받는 것으로 번역되어 있다. 죄의 유혹을 이길 수 있는 방법을 성경이 알려준다. 성령의 도우심을 받는 것이다. 성령으로 충만할 때, 죄의 유혹과 죄의 문제를 해결할 수 있다.

사탄은 우리를 유혹하며 죄 속으로 끌고 들어간다. 어떻게 하든 성도 한 사람이라도 죄짓게 만들어 죄책감을 심어준 뒤, 하나님 앞에 나아가지 못하게 한다. 사탄은 죄지을 수밖에 없는 우리의 연약한 속성을 잘 알고 있다. 그래서 반복적으로 죄를 짓게 만든다. 그들의 첫 번째 목표는 성도를 하나님에게서 멀어지게 만드는 것이다. 고도의 전략이다.

우리는 모두 죄인이다. 구원에 하나님의 은혜가 필요한 죄인이라는 뜻이 있으나, 죄를 지을 수밖에 없는 연약한 인간이라는 뜻도 있다. 이것이 우리의 정체성이다. 스스로 죄짓지 않을 수 있다고 착각하지 마시라. 지극히 교만한 생각이 아닐 수 없다. 이들은 사탄의 첫 번째 표적이다. 공략하기 쉽기 때문이다.

죄짓지 않을 수 있다고 생각하는 사람의 특징이 있다. 자신의 의지로 죄짓지 않으려고 애쓰는 것이다. 그러나 죄는 애쓴다고 안 짓게 되는 것이 아니다. 죄를 만만하게 봐서는 안 된다. 자기의 힘과 의지로 죄짓지 않으려고 하면 쉽사리 무너진다. 내 의지로 정욕을 이기려 하고, 내 의지로 남과 비교하지 않으려 하고, 내 의지로 질투하지 않으려 하고, 내 의지로 교만하지 않으려 하고, 내 의지로 분노하지 않으려 한다. 작심삼일이라는 사자성어는 새겨들을 만하다.

내 의지에는 한계가 있다. 그 의지가 약해지면 참아왔던 옛 습관이 서서히 고개를 들어 나를 지배한다. 반복적인 죄를 짓고도 회개하는 자신의 모습이 한없이 위선적으로 느껴져, 하나님 앞에 나아가기를 두려워한다. 그러다 하나님에게서 점점 더 멀어지게 되고, 결국에는 신앙을 버린다. 이는 잘못된 시도다. 사탄의 공격 전략에 제대로 걸려든 것이다.

하나님의 영이 삶을 이끌 때

그렇다면 이 죄의 문제를 해결할 방법은 무엇인가? 내 의지로 죄짓지 않으려고 노력하는 방법이 아니라면 무엇으로 해결할 수 있는가? 다시 로마서 8장 13절 말씀에 주목하자. 육신대로 살면 죽으나 사는 방법이 있다고 한다. 영으로써 몸의 행실을 죽이라고 한다. 성령의 능력이 아니면 죄의 문제를 해결할 수 없다. 최후 승리는 자신의 의지로 얻는 게 아니라 하나님이 직접 얻게 해주신다.

그런즉 서서 진리로 너희 허리띠를 띠고 의의 호심경을 붙이고 평안의 복음이 준비한 것으로 신을 신고 모든 것 위에 믿음의 방패를 가지고 이로써 능히 악한 자의 모든 불화살을 소멸하고 구원의 투구와 성령의 검 곧 하나님의 말씀을 가지라 _ 엡 6:14-17

대적 마귀와 싸워 이기는 방법에 인간이 할 수 있는 것은 없다. 하나님이 모든 것을 예비하신다. 진리로 허리띠를 띠고, 의의 호심경을 붙이라고 한다. 진리와 의, 우리의 의지가 아니다. 하나님이 주시는 것이다. 평안의 복음이 준비한 신을 신고, 믿음의 방패를 가지라고 한다. 구원의 투구와 성령의 검 곧 하나님의 말씀을 가지라고 한다. 복음, 믿음, 구원, 성령의 검, 이것은 모두 하나님이 주시는 것이다. 그러기에 사탄과 싸워 이길 수 있다. '성령충만'이 해답이다. 죄짓지 않으려는 소극적인 자세가 아니라, 성령으로 충만하려는 적극적인 자세가 필요하다.

내가 이르노니 너희는 성령을 따라 행하라 그리하면 육체의 욕심을 이루지 아니하리라 육체의 소욕은 성령을 거스르고 성령은 육체를 거스르나니 이 둘이 서로 대적함으로 너희가 원하는 것을 하지 못하게 하려 함이니라 _ 갈 5:16-17

성경은 우리가 성령을 따라 행할 것을 요구한다. 육체의 소욕을 이기려고 애쓰거나 노력하라고 말하지 않는다. 내 의지로 육체의 소욕을 이기는 것은 불가능하기 때문이다. 그저 성령을 따라 행하면 된다. 산속에 들어가 고행을 한다고 육체의 정욕이 사라지지는 않는다. 그것은 인간을 제대로 모르는 것이다. 인간이 죄인임을 무시한 처사다. 하나님을 모르는 이들은 그렇게라도 죄를 이겨내려고 한다. 그러나 우리는 하나님을 믿는 그리스도인이다. 탁월한 방법이 있다. 성령을 따라 행하는 것이다. 성령으로 충만하면, 반복적이고 습관적인 죄의 문제가 해결된다. 내 의지로 해결할 수 없던 죄악 된 행위와 죄의 유혹을 성령의 능력으로 물리치게 된다. 성경은 이것을 곳곳에서 강조한다.

> 술 취하지 말라 이는 방탕한 것이니 오직 성령으로 충만함을 받으라 _ 엡 5:18

성령으로 충만해야 하는 건 명령이다. 권면 사항이 아니다. 단호하게 '받으라'고 명령한다. 죄짓지 않으려는 소극적인 노력도 중요하나, 근본적인 해결책은 아니다. 적극적인 대처가 필요하다. 바로 성령을 따라 사는 것이다. 성령께 모든 결정권을 전적으로 위임하시라. 하나님의 영이 삶을 이끌 때 죄를 이길 수 있다.

그러면 어떻게 성령으로 충만할 수 있을까? 먼저는 '기도'다.

너희가 악한 자라도 좋은 것으로 자식에게 줄 줄 알거든 하물며 하늘에 계신 너희 아버지께서 구하는 자에게 좋은 것으로 주시지 않겠느냐 _마 7:11

너희가 악할지라도 좋은 것을 자식에게 줄 줄 알거든 하물며 너희 하늘 아버지께서 구하는 자에게 성령을 주시지 않겠느냐 하시니라 _눅 11:13

마태는 구하는 자에게 "좋은 것"을 주신다고 기록했다. 그러나 평행본문인 누가는 이 좋은 것이 무엇인지 구체적으로 밝힌다. 바로 '성령'이다. 그렇다. 하나님은 구하는 자에게 성령을 주신다. 성령은 지극히 온유하고 겸손하고 인격적이시기에, 우리의 초청 없이 강제로 들어오지 않으신다. 돼지에게 다이아몬드는 쓰레기에 불과하다. 가치를 모르는 짐승에게 던지면 짓밟아버린다. 마찬가지다. 성령이 얼마나 소중한지 아는 만큼 사모함으로 기도할 수 있다. 사모하지 않으면 충만해질 수 없다.

둘째는 '회개'다. 죄는 하나님과 나 사이를 멀어지게 만든다. 죄가 하나님과 나 사이를 가로막아서 하나님의 음성을 듣지 못하게 하고, 성령으로 충만하지 못하게 한다. 교만함을 회개하시라. 하나님 말씀에 불순종한 것을 회개하시라. 음란함을 회개하고, 질투와 판단과 비방을 회개하시라. 회개는 성령 충만의 준비단계로 들어가는 지름길이다.

　마지막으로 '순종'이다. 하나님 말씀에 순종할 때 성령으로 충만해질 수 있다. 성령으로 충만하다는 것은, 전적으로 성령께 순종함으로 지배받는 상태를 의미한다. 작은 것에 충성하는 자는 큰 것에도 충성한다(눅 16:10).

누구도 시원하게 답해 주지 못한
질문에 답하다

Part 5
세상을 사는 그리스도인

01
사람이 아닌
하나님을 보라고?

하나님은 영으로 보나 사람은 눈으로 본다

과학이야기를 해보겠다. 우리가 어떤 물체를 보려면 광원(光源), 즉 태양이나 별 혹은 전등이나 전구처럼 스스로 빛을 낼 수 있는 것이 필요하다. 이 광원이 우리 눈에 직접 들어오면서 사물을 보게 된다. 광원이 아닌 물체는, 광원에서 나온 빛 중 물체 표면에 반사된 빛이 우리 눈에 들어오면서 볼 수 있다. 따라서 광원, 즉 빛이 없으면 절대 사물을 볼 수 없다. 또 광원이든 광원에 의해 물체 표면에 반사된 빛이든, 눈이라고 하는 신체 기관을 통해 볼 수 있다. 눈이 없으면 볼 수 없다는 말이다. 누가 모르냐고 말하고 싶을 것이다. 그런데 모르더라.

교회에 오면 하나님을 보아야 하나, 사람을 보아야 하나? 하나님을 보아야 한다. 질문해 보겠다. 하나님을 눈으로 볼 수 있는가? 내 눈에는 보이지 않는다. 당신 눈에는 보이는가? 보이지 않을 것이다. 나는 교회에 가면 사람이 제일 먼저 눈에 들어온다. 광원에 의해 그 사람에게 반사된 빛이 내 눈에 들어와서 그를 보게 된다. 하나님은 보이지 않고 사람만 보이는데, 사람들은 자꾸 하나님을 봐야지 사람을 보면 안 된다고 말한다. 물론 하나님을 보라는 게 그런 의미는 아니라고 항변하고 싶으렷다. 어찌 되었든 하나님은 내 눈과 당신 눈으로 볼 수 있는 분이 아니다.

> 누구든지 하나님을 사랑하노라 하고 그 형제를 미워하면 이는 거짓말하는 자니 보는 바 그 형제를 사랑하지 아니하는 자는 보지 못하는 바 하나님을 사랑할 수 없느니라 _요일 4:20

사도 요한은 분명히 말한다. 형제자매는 눈에 보이나, 하나님은 보이지 않는다고 말이다. 눈에 보이지 않는 하나님을 사랑한다고 말하는 것은, 먼저 눈에 보이는 형제자매를 사랑할 때나 가능하다고 한다. 간단하다. 보이는 형제자매를 사랑하는 것이 보이지 않는 하나님을 사랑하는 것이다. 그렇다면 교회에서 보이지 않는 하나님을 보려면 어떻게 하면 될까? 보이는 사람을 보면 된다. 보이는 사람으로 보이지 않는 하나님의 사랑과 선하심을 경험한다. 그 사람이 좋으면 그를 통해 일하시는 하나님을 좋은 분으로 여길 것이고, 악하다면 하나님 역시 그러하리라 생각할 것이다. 교회에 처음 온 새신자 입장에서는 더 말할 것도 없다.

> 빌립이 이르되 주여 아버지를 우리에게 보여 주옵소서 그리하면 족하겠나이다 예수께서 이르시되 빌립아 내가 이렇게 오래 너희와 함께 있으되 네가 나를 알지 못하느냐 나를 본 자는 아버지를 보았거늘 어찌하여 아버지를 보이라 하느냐 _ 요 14:8-9

빌립이 예수님께 아버지를 보여달라고 청한다. 이때 예수님의 대답이 놀랍다. "나를 본 자는 아버지를 보았거늘"(요 14:9). 하나님은 영이시다(요 4:24). 영이신 하나님은 눈으로 볼 수 없다. 그런데 빌립이 어떻게 하나님을 볼 수 있는가? 인간의 몸을 입고 오신 예수 그리스도를 통해서 볼 수 있다. 예수님이 하신 사역으로, 인간에게 베푸신 사랑으로, 그리고 이제는 우리가 서로 사랑하는 것으로 하나님의 사랑을 간접적으로 경험하게 된다.

왜 한국 교회가 손가락질당하고 '개독교'라는 오명을 입었는가. 하나님이 나쁜 분이어서? 아니다. 하나님은 지극히 선하신 분이다. 눈에 보이지 않는 하나님을 믿는다는, 눈에 보이는 사람들의 행실이 그러하니 하나님도 그럴 거라 생각하는 게 아니겠는가? 그러니 교회에서는 하나님을 봐야지 사람을 보면 안 된다고 말하지 마시라. 세상에 그렇게 무책임하고 자신의 인간 되지 못함을 합리화하는 말도 없으렷다. 나와 당신 때문에 하나님의 영광이 가려지고 교회가 손가락질당하는데, 교회에서는 하나님을 봐야지 사람보고 신앙생활하면 실족한다는 말을 서슴지 않고 하다니 참으로 부끄럽다. 이런 고백은 이 글을 읽는 순간까지로 충분하다. 이런 말들이 본이 되지 않는 개인의 삶과 신앙에도 죄책감을 느끼지 못하도록 면죄부를 제공했으리라.

> 너희는 세상의 빛이라 산 위에 있는 동네가 숨겨지지 못할 것이요 사람이 등불을 켜서 말 아래에 두지 아니하고 등경 위에 두나니 이러므로 집 안 모든 사람에게 비치느니라 이같이 너희 빛이 사람 앞에 비치게 하여 그들로 너희 착한 행실을 보고 하늘에 계신 너희 아버지께 영광을 돌리게 하라 _마 5:14-16

예수님은 우리에게 "그들로" 하늘에 계신 아버지께 영광을 돌리게 하라고 명령하신다. 바로 우리의 "착한 행실"을 보고서 말이다. 예수님은 하나님을 보라고 말씀하지 않으신다. 오히려 우리의 착한 행실을 보게 하라고 말씀하신다. 비그리스도인에게 하나님이 살아계시다고 외쳐본들, 그들에게는 공허한 메아리로밖에 들리지 않는다. 교회와 네가 하는 걸 보니 하나님도 안 계신 것 같다는 반격만 돌아올지도 모른다. 눈에 보이지 않는 하나님 잘못인가, 그들 눈에 보이는 우리 탓인가?

> 그러므로 내가 너희에게 권하노니 너희는 나를 본받는 자가 되라 _ 고전 4:16

> 형제들아 너희는 함께 나를 본받으라 그리고 너희가 우리를 본받은 것처럼 그와 같이 행하는 자들을 눈여겨 보라 _ 빌 3:17

사도 바울은 고린도교회와 빌립보교회를 향해 자신을 본받는 자가 되라고 권면한다. 이런 권면은, 이와 비슷한 표현을 포함할 때 바울 서신에서만 총 7회 등장한다. 바울이 교만해서일까? 아니다. 예수 그리스도를 따르는 삶이 어떠한지 보여주어야, 예수를 처음 믿는 이들이 따라 할 것이다. 보여주지도 않은 채 예수 잘 믿으라고 말한다면, 도대체 무엇이 예수를 잘 믿는 것인지 되물을 것이다. 보여주어야 안다.

13 vs 99

많은 그리스도인이 오해하는 게 있다. 소위 '공예배', 즉 공동예배 혹은 공중 예배만이 예배라고 생각하는 것이다. 예배에는 두 종류가 있다.

먼저, 공예배가 있다. 이는 예전을 갖춘 예배다. 수요기도회, 금요기도회, 주일예배 등 말씀, 기도, 찬양 등의 형식을 갖춘 예배다. 공적 예배는 정해진 시간과 장소에서 정해진 예전에 따라 드린다. 사람들은 이런 공적 예배를 드린 후 스스로 예배드렸다는 만족감을 느낀다. 공동체로 모여 예배드리기에 남의 이목에 신경이 쓰인다. 직분을 맡고 있다면 더욱 그러하리라. 자칫 하나님이 아닌 사람을 더 의식하게 될 위험이 있다.

둘째, 공예배가 아닌 예배다. 공예배가 아니니 '사예배'인가? 그러나 이런 말은 없으니 '삶의 예배'라고 이름 붙여보겠다. 사실 우리는 예전을 갖춘 예배와 비교할 수 없을 정도로 많은 시간을 삶속에서 예배드리고 있다.

좀 웃기지만 산술적으로 계산해 보자. 당신을 모든 공예배에 빠지지 않는 성실한 그리스도인으로 가정해 보겠다. 주일을 제외한 월요일에서 토요일까지 매일 새벽기도회에 나간다고 했을 때 6시간, 수요기도회 1시간, 금요기도회 2시간, 주일오전 예배 1시간을 더하면 10시간에, 오후 예배까지 드린다면 11시간이다. 기타 주중 모임에 참석해 경건회를 비롯한 각종 예배까지 2시간 정도를 추가하면, 대략 한 주에 13시간을 공예배로 할애한다.

하루 8시간을 잔다고 했을 때, 당신은 16시간 눈을 뜨고 있다. 16시간에 일주일인 7을 곱하면 112시간, 여기서 공적 예배로 최대 할애한 13시간을 제외하면 무려 99시간을 삶 속에서 예배드리게 된다. 고려해야 할 변수가 여럿 있을 것이다. 이것은 그저 단순한 산술적 수치다.

7.6배 이상을 공예배가 아닌 삶 속에서 예배드리는데도, 예전을 갖춘 공예배만이 예배라 생각한다면 대단한 오해다. 13시간 동안 거룩한 척하는 그리스도인으로 변신했다가 나머지 시간을 헐크로 보낸다면, 예수님이 말한 착한 행실이 될 수 없다(마 5:16). 가정에서는 폭군이요, 직장에서는 진상이요, 동네에서는 술고래면서, 13시간 동안은 장로요, 권사요, 집사로 잠시 변장하고 있던 것이 기독교가 '개독교'가 된 이유다.

실족하게 하는 죄

삶이 예배고 전도다. 무엇으로 하나님의 살아계심을 증명하고,

무엇으로 하나님이 사랑이심을 증명할 수 있을까? 나와 당신의 삶이다. 우리의 인격과 삶 속에서 드러나는 "착한 행실"(마 5:16)이라는 성품으로 증명한다. 그래서 눈에 보이는 사람이 중요하다.

> 그러므로 누구든지 이 어린 아이와 같이 자기를 낮추는 사람이 천국에서 큰 자니라 또 누구든지 내 이름으로 이런 어린 아이 하나를 영접하면 곧 나를 영접함이니 누구든지 나를 믿는 이 작은 자 중 하나를 실족하게 하면 차라리 연자 맷돌이 그 목에 달려서 깊은 바다에 빠뜨려지는 것이 나으니라 _ 마 18:4-6

여기 무시무시한 말씀이 있다. "연자 맷돌"의 헬라어 원어에는 '나귀가 끄는 맷돌'이라는 의미가 있다. 사람 손으로 돌리는 맷돌보다 훨씬 크고 무거운 것이다. 로마법은 사회를 혼란케 한 자나 도덕적으로 문란한 중죄인을 이렇게 처형했다. 그러니 믿음이 약한 자를 실족하게 하는 죄가 얼마나 무서운지 알 수 있다. 예수님은 이 죄의 무게를 중죄인을 사형시켰던 맷돌에 비유하신다.

보이는 형제자매를 사랑하지 않으면서 보이지 않는 하나님을 사랑할 수 없다. 교회는 절대 하나님만 바라보며 신앙생활할 수 있는 곳이 아니다. 그것은 불가능하다. 필연적으로 사람을 보게 된다. 아니 저절로 보인다.

02
배우자가 반대하는 십일조, 꼭 드려야 하나?

'꼭' No, '드려야' Yes

십일조를 모르는 그리스도인은 없으리라. 말 그대로 십분의 일을 봉헌하는 것이다. 십일조는 구약의 율법에서 유래한다. 이스라엘 열두 지파 중 땅을 배분받지 못한 레위 지파를 위해 나머지 지파가 소출의 십분의 일을 바치게 한 법이다.

십일조를 꼭 드려야 하는지는 여전히 논란의 소지가 다분하다. 당신도 여러 경로를 통해 이미 찾아보았으리라. 그리고 나름의 결론을 가지고 있을 것이다. 신학서적은 아니니 신구약 비교로 십일조의 당위성 여부에 관한 신학적인 논쟁은 하지 않겠다. 결론부터 말하면 '꼭'은 아니다.

십일조를 성실히 낸다고 부자 되는 것도 아니요, 내지 않는다고 가난해지는 것도 아니다. 십일조를 잘 드렸더니 부자 됐다는, 이런 기복적인 예화가 여전히 강단에서 선포되고 있는 것은 한국 교회의 수치다. 십일조와 상관없이 하나님은 우리를 사랑하신다. 십일조 드리는 것으로 물질의 복을 주시는 하나님이 아니다. 하나님이 우리에게 물질을 주시는 이유가 있다면, 그건 주 되심을 인정하는 우리의 믿음 때문이리라.

십일조를 '꼭' 드릴 필요는 없다. 그러나 '드려야' 한다. 이게 무슨 궤변인가 할 것이다. 당신이 조직 교회에 속해 있는 세례교인이라면 권리와 함께 의무가 주어진다. 성찬 참례권과 공동의회 회원권이 주어지고, 공동 예배 출석, 봉헌 및 교회 치리에 복종해야 하는 의무도 함께 주어진다(예장통합 총회헌법 제2편 정치, 제3장 교인, 제15조 교인의 의무, 제16조 교인의 권리). 헌법의 의무이나 지키지 않는다고 하여 당회 및 상회의 재판을 받지는 않는다. 어느 정도 교인의 자율성을 보장해 준다.

헌법이 봉헌을 교인의 의무로 둔 데는, 내 생각에 다음의 두 가지 이유가 있다. 먼저, 신앙적인 이유다. 십일조를 '꼭' 드려야 하는 것은 아니나, 십일조를 봉헌하는 것은 성도에게 매우 유익하다. 물질이 아닌 하나님이 내 인생의 주인이심을 고백하는 신앙적 행위이기 때문이다. 내가 가진 모든 것이 하나님에게서 온 것이라고 믿는다면 드리지 못할 이유가 없다. 나와 당신은 물질의 청지기다. 원래 내 것이 아니다. 하나님의 것을 잠시 내게 맡기신 것이다. 그러니 지혜롭게 관리하고 잘 써야 한다. 세상의 주인이신 하나님은 돈이 필요하지 않다. 따라서 봉헌은 하나님을 위함이 아닌 나를 위함이다. 물질의 주인이 하나님이라는 사실을 인정하고 고백하기 위함이다. 봉헌은 믿음 없이 불가능하다. 성도는 하나님과 재물을 겸하여 섬길 수 없다(눅 16:13). 신앙고백적 행위이기에 '꼭'은 아니다.

둘째, 행정적인 이유다. 교회는 성경적으로 건물이 아니다. 그러나 당신이 다니고 있는 교회는 건물이 있다. 건물이 없다면 문제 될 게 없으나, 건물이 있다면 유지보수 비용이 필요하다. 무엇으로 감당하는가? 바로 당신이 드리는 헌금이다. 헌금으로 건물의 하자를 보수하고, 직원의 월급과 교역자의 사례비를 지급한다. 또 당신이 드리는 헌금으로 예배 및 각종 모임에서 혜택을 받게 된다. 더운 날과 추운 날 예배당에 냉난방을 가능하게 하는 것도 헌금이다. 음향 및 영상장비로 편안한 예배를 드릴 수 있는 것도 당신의 헌금 때문이다. 모임 때 나오는 다과나 강의자료, 식사 및 기타 여러 지원비 등도 당신의 헌금에서 나온다. 그러니 당신이 개교회의 회원이라면 헌금하는 것이 마땅하다. 헌금은 하지 않으면서 혜택받겠다고 생각하는 것은 도둑놈 심보다. 회원의 의무를 다하지 않으면서 공동의회나 제직회 등에서 자신이 마치 핵심 회원인 것처럼 목소리를 높이는 것은 부끄러운 처사다.

그러나 교회는 정작 두 번째 이유를 말하지 않는다. 덕스럽지 못하거나 신앙적이지 못하다고 생각하나 보다. 정직해야 한다. 신앙적인 이유도 중요하나, 두 번째 이유도 그에 못지않게 중요하다. 판단은 교인의 몫이나, 교회는 두 번째 이유를 교인에게 분명히 알려주어야 한다. 이런 이유로 십일조를 '드려야' 한다.

두 번째 이유라면, 원칙은 없으나 자신이 다니는 교회에 십일조를 하는 것이 바람직하다. 혜택은 이 교회에서 누리면서, 십일조는 다른 교회에 드리는 것은 좋지 않다. 내가 출석하는 교회의 재정이 넉넉하다면 어려운 교회로 드릴 수도 있다. 그러나 가능하면 십일조는 출석하는 교회로 드리되, 선교 및 감사헌금 명목으로 다른 교회를 도울 수 있다.

'꼭' 드릴 필요는 없다. 그러나 '드리는' 게 신앙적이거나 행정적인 차원에서 유익하다. 만약 믿지 않는 배우자가 반대한다면, 자신의 신앙을 지키려고 가정이 불화하는 것보다, 십분의 일보다는 적더라도 다른 명목의 봉헌으로 가정의 화목을 지키는 게 지혜롭다. 이건 지혜의 문제지 신앙의 문제가 아니다.

주 되심의 출발은 소유의 주 되심부터

아비멜렉이 그 친구 아훗삿과 군대 장관 비골과 더불어 그랄에서부터 이삭에게로 온지라 이삭이 그들에게 이르되 너희가 나를 미워하여 나에게 너희를 떠나게 하였거늘 어찌하여 내게 왔느냐 그들이 이르되 여호와께서 너와 함께 계심을 우리가 분명히 보았으므로 우리의 사이 곧 우리와 너 사이에 맹세하여 너와 계약을 맺으리라 말하였노라 너는 우리를 해하지 말라 이는 우리가 너를 범하지 아니하고 선한 일만 네게 행하여 네가 평안히 가게 하였음이니라 이제 너는 여호와께 복을 받은 자니라 이삭이 그들을 위하여 잔치를 베풀매 그들이 먹고 마시고 아침에 일찍이 일어나 서로 맹세한 후에 이삭이 그들을 보내매 그들이 평안히 갔더라 그 날에 이삭의 종들이 자기들이 판 우물에 대하여 이삭에게 와서 알리어 이르되 우리가 물을 얻었나이다 하매 그가 그 이름을 세바라 한지라 그러므로 그 성읍 이름이 오늘까지 브엘세바더라
_ 창 26:26-33

블레셋 왕 아비멜렉이 그 친구 아훗삿과 군대 장관 비골과 함께 이삭을 찾아온다. 계약을 맺기 위함이다(창 26:28). 계약을 맺는 동기는, 아비멜렉이 여호와께서 이삭과 함께하시는 것을 보았

기 때문이다. 한 나라의 왕이 일개 이삭이라는 한 사람에게 계약을 맺으러 온다. 통쾌한 장면이다. 아비멜렉은 이삭을 두려워한 게 아니다. 이삭의 뒤를 봐주시는 하나님을 두려한 것이다. 어떻게 이런 일이 이삭에게 일어났을까?

이삭이 브엘세바를 얻기 전, 블레셋 사람들이 그를 시기하여 이삭 소유의 모든 우물을 흙으로 메운다. 이삭은 우물을 버리고 그 땅을 떠난다. 이후 그랄 골짜기로 이동해 수질이 좋은 우물을 파나, 그랄 목자들이 강제로 빼앗아버린다. 그래서 '억압하다' '강탈하다'라는 의미의 '에섹'이라는 이름을 붙인다. 그곳에서 다른 우물을 파지만, 그랄 목자들이 이것 역시 빼앗아버린다. 이 우물에 '적대감'이라는 의미의 '싯나'라는 이름을 붙인다.

이삭은 에섹과 싯나를 양보한다. 힘이 없어서가 아니다. 블레셋 왕 아비멜렉은 이삭의 힘이 막강한 것을 알고 있었다(창 26:16). 이삭이 마음만 먹으면 얼마든지 그랄 목자들을 혼낸 뒤 우물을 되찾을 수 있었다. 그러나 양보한다. 흔히 이삭의 온유한 성품 때문이라고 생각하나 아니다. 믿음 때문이다. 바로 주 되심을 인정하는 그의 믿음 때문이다. 정확하게는 '소유'의 주 되심을 인정한 것이다.

이삭에게 소유의 주 되심을 인정하는 믿음이 없었다면, 자신에게 속한 식구의 생명유지 수단인 우물을 포기할 수 없었을 것이다. 이삭의 능력이 대단하다고 해도 가는 곳마다 우물을 팔 수는 없다. 그러니 양보했다는 것은, 소유의 주 되심을 인정했기 때문이란 것 외에는 달리 설명할 길이 없다. 주 되심의 출발은 소유의 주 되심을 인정하는 것이다. 봉헌은 소유의 주 되심을 인정하는 신앙고백적 행위다.

03
다른 사람은 잘나가는데 내 삶은 왜 이럴까?

하나님은 우리와 함께하실까

하나님은 우리와 함께하시는가? '임마누엘'이라는 말이 생각나 그렇다고 대답하셨으리라. 이 질문은 어떤가. 하나님은 우리를 지키시고 보호하실까? 그렇다고 대답하고 싶으나, 뭔가 석연찮은 생각에 답변을 주저했을지도 모르겠다. 9·11 테러를 비롯해 중국의 지진이나, 일본의 쓰나미 때 보니 지켜주시는 것으로 보이지는 않는다. 성수대교나 삼풍백화점이 무너졌을 때도 마찬가지였다. 세월호 사건은 또 어떤가. 이래도 하나님이 지키시고 보호하신다고 생각하는가? 하나님이 우리를 지키고 보호하시는데 어떻게 그리 쉽게 죽을 수 있을까 생각하니 '함께하심' '지켜주심' '보호하심'이라는 개념이 쉽게 다가오지 않는다.

야곱이 마하나임을 경험한다. 벧엘에서 하나님은 야곱이 어디로 가든지 지키고 떠나지 않겠다고 말씀하신다(창 28:15). 이 말씀을 붙들면서 하나님이 우리를 지켜주신다며 서로 위로할지도 모른다.

> 내가 너와 함께 있어 네가 어디로 가든지 너를 지키며 너를 이 끌어 이 땅으로 돌아오게 할지라 내가 네게 허락한 것을 다 이루기까지 너를 떠나지 아니하리라 하신지라 _창 28:15

이 말씀은 하나님이 야곱에게 주신 말씀이다. 하나님이 야곱과 함께하시고, 다시 벧엘로 돌아올 때까지 지켜주겠다고 약속하셨다. 말씀대로 야곱을 라반에게서 지켜주시고, 에서에게서 보호해주셨다. 야곱은 이 언약의 말씀을 붙들고 기도한다. 그러나 이건 야곱에게 주신 약속이지 우리에게 주신 것이 아니다. 물론 성경에 나오는 말씀을 우리에게 적용할 수 있겠으나, 야곱을 무사히 돌아오게 하시겠다는 약속의 말씀을 우리 삶에 적용하기에는 무리가 따른다.

여기서 성경해석의 원리를 다룰 필요는 없을 것이다. 그러나 한 가지만 기억하시라. 성경에 나오는 역사적인 사건들은, 예수님의 말씀이나 신약성경의 서신서에 나오는 일반원리에 비추어 해석해야 한다는 것이다. 역사적인 사건에서 교훈을 발견할 수는 있으나, 모든 사건을 일반화하는 건 위험하다. 다윗이 밧세바를 간음한 것도 일반화하겠는가? 바울과 실라가 옥에서 기도하고 찬송했더니 옥문이 열렸다고 해서, 옥에 갇힌 지인을 위해 이 말씀을 적용하려는가? 하나님이 모세에게 주신 사명을 당신에게 적용해 대한민국을 구할 계획을 세우는 건 아닌가? 자중하시라.

나는 하나님의 뜻을 모른다. 성경에 명확하게 나와 있는 말씀 외에 말이다. 왜 사랑하는 사람이 고통당하는지, 왜 젊은 사람이 허무하게 목숨을 잃어야 하는지, 왜 멀쩡한 사람에게 건강상의 문제가 있고, 왜 누군가에게는 가정의 문제가 있으며, 왜 새벽예배 후 돌아오는 길에 목숨을 잃어야 하는지 나는 모른다. 다만 신정론(선하신 하나님과 악이 공존해 발생하는 문제를 설명하는 신학적 개념)에 비추어 추측할 뿐이다. 그러나 한 가지 분명하게 아는 것이 있다. 어떠함에도 불구하고 '하나님은 나와 함께하신다'는 사실이다.

형통, 그게 뭔데?

성경은 하나님이 요셉과 함께하셨다고 기록한다. 함께하셨다는 말은 4회, 범사에 형통했다는 말은 3회 기록되어 있다. 요셉과 함께하시고, 요셉이 범사에 형통했단다. 얼핏 보면 아닌데 말이다.

형들의 시기로 죽을 뻔한 걸 맏형 르우벤이 겨우 말려 구덩이에 들어가게 된다. 그리고 유다의 제의로 애굽으로 가는 미디안 상인들에게 팔린다. 형통한 것처럼 보이지 않는다. 애굽에서나 잘 풀리면 좋았을 것을, 요셉이 보디발 아내의 유혹을 뿌리치자 그녀는 요셉을 모함한다. 이후 보디발의 미움을 사서 옥에 갇힌다. 형통한가?

> 간수장은 그의 손에 맡긴 것을 무엇이든지 살펴보지 아니하였으니 이는 여호와께서 요셉과 함께 하심이라 여호와께서 그를 범사에 형통하게 하셨더라 _ 창 39:23

이해하기 어려운 말씀이 나온다. 여호와께서 요셉을 범사에 형통하게 하셨단다. 누가 보더라도 요셉은 불행해 보이는데. 이후 함께 옥에 갇혔던 바로의 술 맡은 자와 떡 굽는 자의 꿈을 해몽한다. 요셉의 해몽대로 술 맡은 자는 살아나지만 떡 굽는 자는 죽게 된다. 술 맡은 자는 요셉이 옥에서 나오도록 바로에게 잘 말해 주기로 하지만, 이내 잊고 만다. 결국 요셉은 2년을 옥에서 더 보낸다. 이래도 형통한가?

누가 보더라도 요셉의 삶은 불행해 보인다. 그런데 동생을 미디안 상인들에게 팔아넘긴 형들을 향한 요셉의 고백이 소름 돋는다.

> 당신들이 나를 이곳에 팔았다고 해서 근심하지 마소서 한탄하지 마소서 하나님이 생명을 구원하시려고 나를 당신들보다 먼저 보내셨나이다 _ 창 45:5

요셉을 향한 하나님의 뜻이 이루어졌는가? 그렇다. 남이 볼 때는 불행해 보이나, 하나님이 보시는 요셉의 삶은 형통하다. 하나님이 함께하시는 삶이 형통한 삶이다.

바울의 삶은 어떠한가. 바울은 사도로서 복음을 증거하면서 겪은 고난을 자세히 밝힌다.

> 그들이 그리스도의 일꾼이냐 정신없는 말을 하거니와 나는 더욱 그러하도다 내가 수고를 넘치도록 하고 옥에 갇히기도 더 많이 하고 매도 수없이 맞고 여러 번 죽을 뻔하였으니 유대인들에게 사십에서 하나 감한 매를 다섯 번 맞았으며 세 번 태장으로 맞고 한 번 돌로 맞고 세 번 파선하고 일 주야를 깊은 바다에서 지냈으며 여러 번 여행하면서 강의 위험과 강도의 위험과 동족의

> 위험과 이방인의 위험과 시내의 위험과 광야의 위험과 바다의 위험과 거짓 형제 중의 위험을 당하고 또 수고하며 애쓰고 여러 번 자지 못하고 주리며 목마르고 여러 번 굶고 춥고 헐벗었노라 _고후 11:23-27

우리의 삶이 이 땅에서뿐이라면 바울만큼 어리석고 미련한 사람은 없을 것이다. 인생의 즐거움과 쾌락은 누리지 못한 채, 그저 복음 전하느라 고생만 실컷 한 사람밖에 되지 않으니 말이다. 그러나 우리 중 누가 사도 바울의 삶을 가리켜 헛되고 허무한 인생이라고 말할 수 있겠는가? 우리는 저 영원한 천국을 바라보며 사는 사람들이다. 이 땅의 즐거움은 잠깐이요, 저 천국의 삶은 영원하다. 그렇다면 주를 위해 고난받은 삶을 어찌 헛되다 평가할 수 있겠는가.

공생애 기간 예수님의 삶을 보면, 형통하다고 말하기에는 민망한 삶을 사셨다. 대제사장들과 바리새인들과 서기관들에게 모함을 당하셨다. 온갖 고난과 수치를 당하며 십자가에 달리셨다. 침뱉음을 당하고, 옷이 벗겨지고, 뺨을 맞는 수치를 당하셨다. 예루살렘 성에 입성하실 때, 예수님은 나귀새끼를 타고 들어오셨다. 인간적인 눈으로 보면 한없이 초라하다. 그 누가 예수님의 입성 장면을 보며, 하나님의 복을 받은 형통한 분이라고 말할 수 있겠는가. 초라하기 그지없다. 누가 봐도 실패했다. 그런데 이런 예수님을 하나님이 부활시키신다. 예수님은 승천하여 하나님 보좌 우편에 계시다가 우리의 심판주로 재림하신다. 이분이 바로 예수 그리스도시다.

> 이러므로 하나님이 그를 지극히 높여 모든 이름 위에 뛰어난 이름을 주사 하늘에 있는 자들과 땅에 있는 자들과 땅 아래에 있는 자들로 모든 무릎을 예수의 이름에 꿇게 하시고 모든 입으로 예수 그리스도를 주라 시인하여 하나님 아버지께 영광을 돌리게 하셨느니라 _ 빌 2:9-11

그 아들 예수 그리스도를 향한 하나님의 뜻이 실패했는가? 아니다. 결국에는 승리했다. 십자가에 달려 돌아가신 예수님을 바라보며 사탄이 승리의 노래를 부를 때, 하나님은 예수님을 무덤에서 건져내시고 부활하게 하신다. 마찬가지로 부활하신 예수님을 믿는 성도를 동일하게 부활시키시리라. 예수 그리스도를 향한 하나님의 계획과 뜻은 이루어졌다. 바로 십자가 위에서.

편협한 사고

우리의 착각이 있다. 소위 인생이 잘되고 잘 풀리는 것을 하나님이 함께하시는 삶이요, 형통한 삶이라고 생각하는 것이다. 이기적이고 자기 중심적이다. 기도만 하면 응답받고, 원하는 대로 이루어지고, 좋은 대학에 들어가고, 좋은 직장에 취업하고, 평균 이상의 연봉을 받고, 집안 좋은 상대와 결혼하고, 돈 걱정 없이 일정 수입이 발생하고, 친구나 직장동료와 관계가 원만하고, 상사에게 인정받아 고속 승진하고, 심지어 병에 걸리지도 않고, 강도를 만나지도 않으며, 제 명대로 오래 사는 것을 형통한 삶이라고 생각한다. 전월세가 아닌 내 집을 마련하고, 비정규직이 아닌 정규직에, 지방대가 아닌 서울에 있는 대학에 들어가고, 건강한 육신을 가지고 있고, 온전한 가정에서 태어나고, 물질적으로 풍족하면 하나님이 함께하셔서 복을 받았다고 생각한다. 대체 누가 이것을 형통한 것이요 복이라고 정의해 주었는가. 남이 볼 때 뭔가 풀리는 것처럼 보이면 형통한 것이요, 막힌 것처럼 보이면 불행이고 저주라고, 대체 누가 정의해 주었단 말인가. 순전히 자신의 판단이다.

우리의 사고는 편협하다. 그러나 기억하시라. 내가 생각할 때 형통함이 하나님 편에서 보면 불행일 수 있다. 반대로 내가 생각하는 불행이 하나님 보시기엔 형통함일 수 있다. 누가 당신의 삶을 형통하거나 불행하다고 정의한단 말인가. 지금은 알 수 없다. 내 삶이 어떻게 변할지, 하나님이 지금의 나를 어떻게 쓰실지 아무도 모르기 때문이다.

> 그러나 내가 가는 길을 그가 아시나니 그가 나를 단련하신 후에는 내가 순금같이 되어 나오리라 _ 욥 23:10

오직 하나님만 아신다. 남과 비교할 필요 없다. 지금은 초라해 보일지 모르나, 분명 단련하신 후에는 순금같이 나올 당신을 기대한다.

04
비전을 찾으려면

중요한 훈련

인생에서 중요한 것 중 하나가, 스스로 무엇인가를 선택하고 결정하는 훈련이다. 그리고 그 선택에 책임을 지는 것이다. 나는 청년이나 성도의 질문에 가능하면 답을 제시하지 않는다. 정해진 답이 없을뿐더러, 내게 그럴 만한 능력도 없기 때문이다. 다만 내 나름의 성경적 방향을 제시하고 권면할 뿐이다. 선택과 결정은 본인에게 맡긴다. 여전히 내 선택을 상대에게 의존하고, 내 결정을 남이 대신해 주길 바라는 것은 현실도피요 책임회피다. 그것을 가리켜 겸손이라고 하지 않는다. 옳은 선택이든 아니든, 기도하면서 스스로 신중하게 결정하는 훈련이 그를 성숙하게 한다. 남을 의존하는 자세는 여러 면에서 성장을 방해한다.

성경의 인물들은 자신을 향한 하나님의 비전을 발견하려고 혈안이 되지 않았다. 그런 사람이 있었다면 내게 알려주기 바란다. 성경 속 인물 대부분이 이미 계시된 하나님의 뜻에 순종했고, 주어진 시간 속에서 자신에게 주어진 사명에 충실했다. 어떤 목표를 위해 계획은 세우나, 어떤 특정한 비전을 꿈꾸지는 않았다. 그들은 먼 미래에 뭔가 되기를 바라는 마음으로 달려가는 사람이 아니었다.

요셉의 잊었던 꿈

구약성경에서 매력적인 인물을 한 명 꼽으라면 단연 요셉이다. 비전에 관해 말하려면 요셉 이야기를 하지 않을 수 없다. 내가 익히 들었던 그의 별명은 '꿈쟁이 요셉'이다. 꿈을 꾸는 사람이요, 그 꿈을 해석하는 사람이었기에 그렇게 부르지 않았나 생각한다. 여기서 꿈은 히브리어로 '하롬'이고 영어로는 '드림'이다. 많은 그리스도인이 요셉을 보며 '나도 요셉처럼 꿈을 꾸어야지' 생각한다. 꿈은 꾸는 게 맞다. 그러나 그 꿈을 가리켜 비전이라고 하지는 않는다. 요셉은 꿈을 꾸었지 비전을 꿈꾼 게 아니다(참고로 그리스도인들이 꿈과 비전을 혼용해서 사용하나, 나는 이 장에서 꿈은 내가 꿈꾸고 계획한 미래의 모습으로, 비전은 하나님이 내게 보여주시는 미래의 모습으로 정의한다).

요셉은 야곱의 열두 아들 중 한 명으로, 야곱이 사랑한 라헬이 낳은 첫째 아들이다. 야곱은 노년에 얻은 요셉을 다른 아들보다 사랑했다(창 37:3). 야곱이 요셉을 편애했기에, 형들은 요셉을 시기하여 미워한다.

> 요셉이 꿈을 꾸고 자기 형들에게 말하매 그들이 그를 더욱 미워하였더라 요셉이 그들에게 이르되 청하건대 내가 꾼 꿈을 들으시오 우리가 밭에서 곡식 단을 묶더니 내 단은 일어서고 당신들의 단은 내 단을 둘러서서 절하더이다 그의 형들이 그에게 이르되 네가 참으로 우리의 왕이 되겠느냐 참으로 우리를 다스리게 되겠느냐 하고 그의 꿈과 그의 말로 말미암아 그를 더욱 미워하더니 요셉이 다시 꿈을 꾸고 그의 형들에게 말하여 이르되 내가 또 꿈을 꾼즉 해와 달과 열한 별이 내게 절하더이다 하니라 그가 그의 꿈을 아버지와 형들에게 말하매 아버지가 그를 꾸짖고 그에게 이르되 네가 꾼 꿈이 무엇이냐 나와 네 어머니와 네 형들이 참으로 가서 땅에 엎드려 네게 절하겠느냐 그의 형들은 시기하되 그의 아버지는 그 말을 간직해 두었더라 _ 창 37:5-11

요셉이 꿈을 두 번 꾼다. 이 꿈은 요셉을 향한 형들의 미움을 키운다(창 37:8). 이 두 번의 꿈은 형들뿐 아니라 아버지와 어머니마저 요셉을 섬기게 될 거라는 비유를 담고 있었다. 그러니 형들이 요셉을 시기하는 것도 당연하리라. 그러나 형 에서를 피해 밧단아람으로 떠나는 중 벧엘에서 꿈을 꾸었던 아버지 야곱은 요셉의 말을 간직해 둔다.

질문 하나 하겠다. 요셉이 꿈을 두 번 꾸었는데, 이 꿈을 간직하고 있었을까? 아마도 잊었던 것 같다.

> 요셉이 그들에게 대하여 꾼 꿈을 생각하고 그들에게 이르되 너희는 정탐꾼들이라 이 나라의 틈을 엿보려고 왔느니라 _ 창 42:9

당신도 알고 있듯 요셉은 애굽의 총리가 된다. 당시 온 세상에는 기근이 들었고, 야곱과 그의 아들들은 식량을 구하러 애굽에 온다. 그때 요셉을 극적으로 만난다. 요셉은 형들을 알아보지만, 형들은 요셉을 알아보지 못한다. 당연하리라. 그들이 요셉을 미디안 상인에게 팔아넘겼으니, 아마도 죽었거나 노예가 되었을 것으로 생각했으리라. 애굽의 총리가 될 줄 꿈이나 꾸었겠는가.

요셉은 형들을 보고 오래전 꿈을 생각해낸다. 당시에는 이 꿈이 성취될 것으로 확신했으리라. 그러나 이 꿈으로 형들에게 미움을 받게 되고, 결국 미디안 상인에게 팔려 애굽의 노예가 된다. 꾸었던 꿈은 물거품이 되고, 요셉은 그 꿈을 잊고 살았다.

그런데 눈앞에 형들이 있다. 요셉의 머릿속에 오래전 꿈과 그 꿈으로 자신이 겪은 일들이 주마등처럼 지나간다. 그렇다. 요셉은 잊고 있던 꿈을 기억해낸다. 요셉은 꿈을 생각한 적이 없다. 그 꿈을 이루기 위해 안달을 낸 적도 없다. 요셉은 단 한 번도 오래전 꾼 꿈을 자신의 비전으로 삼은 적이 없다.

내게도 꿈이 있다. 그러나 이것은 내 꿈이지 하나님의 비전은 아니다. 하나님의 비전일 수도 있겠으나 나는 모른다. '모른다'는 것이 중요하다. 내 꿈이 이루어지면 좋겠다. 그러나 한 가지만 이루어져야 한다면, 하나님의 비전이 내 삶 속에 펼쳐지길 바란다.

하나님은 요셉을 통해 온 세상을 기근에서 구원하신다. 이것은 요셉의 비전인가, 하나님의 비전인가? 하나님의 비전이다. 처음부터 하나님이 계획하셨다. 그런데 우리의 오해가 무엇인가? 스스로 꿈꾸고는 그것이 하나님의 비전이라고 생각하는 것이다. 내가 만난 대부분이 그랬다. 오히려 자기 비전을 모르겠다고 말하는 것이 정직한 고백이리라.

얼마든지 꿈꿀 수 있다. 꿈이 없는 것보다 있는 것이 미래의 청사진을 그리는 데 유리할 수도 있다. 그러나 그 꿈이 이루어진다는 보장은 없다. 어디까지나 내 꿈이니 말이다. 마음껏 꿈꾸시라.

그러나 그것이 하나님의 비전이라고는 말하지 마시라. 그저 당신이 바라는 자신의 미래 모습일 뿐이다. 사실 우리가 하나님의 비전이라고 말하는 것 중에는 내 야망을 비전으로 둔갑시킨 것들이 많다.

"Dreams come true!" 오래전 유행했던 말이다. 많은 청년사역자가 꿈은 이루어진다는 이 문구를 표방해 청년들에게 위대한 꿈을 꾸라고 부추겼다. 그러나 거듭 강조하거니와, 내가 노력해 이룬 꿈을 하나님의 비전으로 오해하지 마시라. 나는 컴퓨터 보안전문가를 꿈꾸었다. 그러나 목사가 되었다. 내 꿈, 이루어지지 않았다.

비전은 깨닫는 것이다

하나님의 뜻에 대해 내게 통찰력을 준 책은 제럴드 L 싯처(Gerald L. Sittser)의 『하나님의 뜻』(성서유니온선교회 역간)이다. 그는 전통적으로 알고 있던 하나님의 뜻에 대한 통념을 뒤집는다. 저자의 강조점은 '지금 현재'다. 지금까지는 내게 주신 비전이 무엇인지 찾으려고 애썼다. 그러나 요셉, 베드로, 사도 바울 등이 그러하듯, 그들은 자신을 향한 하나님의 비전을 발견하려고 노력하지 않았다. 오히려 삶 속에서 주어진 사명에 충실했다. 그렇게 현실 속에서 매 순간 하나님의 음성을 들으면서 그 뜻에 순종하며 최선을 다해 살다 보면, 어느 순간 '아, 이것이 나를 향한 하나님의 비전이구나!' 하고 깨닫게 된다. 자신이 찾으려고 하면 실패한다.

우리는 많은 경우 하나님의 뜻을 오해한다. 정해진 뜻이 있다고 생각해, 그 뜻을 찾으려고 애쓴다. 하나님의 길은 A인데 내가 B를 선택하면, 하나님의 진노라도 임할 듯 두려워한다. 그러나 내가 아는 하나님은, 정해진 답을 숨겨놓고 사랑하는 자녀들이 정답을 찾아 헤매는 모습을 보며 전율을 느끼는 분이 아니다. 당신이 하나님을 사랑하고 삶 속에서 그분의 뜻에 순종하며 살아간다면, 어떤 선택을 하든 그것은 하나님의 뜻이 될 수 있다. 만약 내 욕심이 개입되어 잘못 선택했을지라도, 하나님은 모든 것을 합력하여 선을 이루시는 분이다(롬 8:28). 현재에 충실하다면 결과에 대한 두려움에서 벗어날 수 있다.

현재가 중요하다. 과거는 이미 지났고, 미래는 아직 오지 않았다. 앞으로 신앙생활 잘할 것이라는 이들을 보았다. 아니다. 지금 충실해야 한다. 나중은 어찌 될지 알 수 없다. 미래를 아는 이는 아무도 없다. 지금 주어진 삶에 최선을 다해야 한다. 하나님만이 미래를 알 수 있다. 천사도 알 수 없고, 사탄도 알 수 없다. 우리는 미래를 모를뿐더러 알아도 안 된다. 알면 우리의 삶은 피폐해지고 게을러진다. 그러니 지금 하는 일에 최선을 다하시라. 어쩌면 지금만 할 수 있는 일일지도 모르지 않는가?

요셉은 주어진 삶에 충실한 사람이었다. 형들의 잘못을 아버지 야곱에게 말한 것으로 고자질하는 나쁜 동생으로 볼 수도 있겠으나, 오히려 불의에 타협하지 않는 요셉이 더 큰 악을 막기 위해 형들의 부도덕함을 말한 것으로 볼 수 있지 않을까?

야곱이 세겜에서 양을 치는 다른 아들들에게 요셉을 보낼 때도 요셉은 순종한다. 세겜에서 형들을 찾지 못하자 어떤 이에게서 형들이 도단으로 갔다는 말을 듣는다. 충분히 돌아올 수 있었으나, 그는 성실하게 자기 일을 감당하기 위해 도단으로 간다. 심지어 애굽에 종으로 팔렸을 때도, 주어진 일에 최선을 다해 바로의 친위대장 보디발의 가정총무가 된다. 노예에게 자기 가정을 맡기는 이는 없다. 그런데 요셉이 그 일을 맡는다.

요셉은 매 순간 자신에게 주어진 사명에 충실했다. 그렇게 최선을 다해 살다 보니, 어느 순간 바로의 꿈도 해석하게 된다. 그리고 애굽의 총리가 되어 끝내 온 세상을 기근에서 구한다. 처음부터 애굽 총리가 꿈은 아니었다. 그러나 하나님의 비전은 요셉을 통해 이루어졌다.

비전은 책상에 앉아서 고민하며 찾는 게 아니다. 언젠가 깨닫게 되는 것이다. 하루하루 최선을 다해 살면, 어느 순간 우리를 훈련하고 준비시키신 하나님이 일하시기 시작한다. 그때 깨닫는다.

'아, 이것이 나를 향한 하나님의 비전이구나!'

많은 부모가 자녀에게 꿈을 묻는다. 자녀에게 거창한 꿈이 있으면 앞으로 훌륭한 사람이 될 거라며 칭찬한다. 꿈이 없다고 말하면 근심한다. 그러나 꿈은 꿀 수 있다. 그 꿈을 목표로 달려가는 것이 나쁜 것은 아니다. 그러나 그 길만이 내 길이라고 생각하면 안 된다. 나를 향한 하나님의 계획은 어느 길일지 알 수 없다. 알려고 할 필요도 없다. 늘 열린 마음으로 걸어가면 된다. 닫힌 마음으로 걸으면 내가 의도한 길로 가지 못했을 때 낙심하고 좌절하게 된다. 내가 꿈꾸던 것과 다른 삶이 펼쳐질 때 영적 침체에 빠진다. 심지어 하나님을 원망하여 떠날지도 모른다.

우리는 하나님이 우리 인생 가운데 계획하신 퍼즐의 한 조각을 오늘을 통해 살아가고 있을 뿐이다. 비전은 고민하며 얻을 수 있는 게 아니다. 기도한다고 찾을 수 있는 것도 아니다. 그저 언젠가 깨닫게 될 뿐이다. 미래를 두려워하거나 염려하지 말기 바란다. 우리 인생이 어떻게 될지는 아무도 모른다. 아파트 계단을 오르면 하나씩 센서 등이 켜진다. 인생이 그렇다. 이만큼 가면 빛이 비추는 이만큼만 볼 수 있을 뿐이다. 그 위에 뭐가 있는지 모른다. 가 봐야 안다. 모든 불이 밝혀질 때, 그때 모든 것을 알게 된다. 당신의 꿈과 야망을 비전으로 삼지 마시라. 우리의 유일한 비전은 오직 하나님 한 분이다.

05
하나님의 뜻, 어떻게 알까?

하나님의 음성을 듣다

성경에 모든 문제의 답이 있다고들 말한다. 그러나 그렇지 않다. 성경으로 알 수 있는 하나님의 '명확한' 뜻은 일부분이다. 성경에서 삶과 신앙의 일반적인 원리를 발견할 수 있으나, 성경이 세부적인 모든 문제의 답을 알려주지는 않는다.

도무지 동의할 수 없다면 간단하게 생각해 보시라. 성경에 모든 문제의 해답이 있다면, 왜 신앙의 멘토를 찾아가고, 왜 기도하며, 왜 신앙서적을 찾아보는가? 알 수 없는 하나님의 뜻을 찾기 위해 도움과 지혜를 구하려는 시도가 아닌가. 심지어 성경 한 구절을 놓고도 다양한 해석이 나오는 것을 아는가. "항상 기뻐하라

쉬지 말고 기도하라 범사에 감사하라" 같은 명확한 뜻이 아니라면, 구절마다 여러 해석이 가능한 것을 받아들여야 한다.

내가 예수님을 처음 영접했을 때의 주된 관심은 '하나님의 음성을 듣는 법'이었다. 하나님의 음성을 들었다는 동역자들의 큐티 나눔을 들으며, 나 역시 하나님의 음성을 듣고 싶었다. 그러나 기도해도 하나님의 음성은 들리지 않았다. 옆 벤치에 앉아 수다 떠는 청춘남녀의 잔혹한 소리만 들릴 뿐이었다. 음성을 듣는다는 그들이 부러웠다. 그러다 언젠가 알게 되었다. 그들이 들었다는 하나님의 음성은 귀로 들은 게 아니었음을. 그들은 말씀 묵상이나 기도 중, 마음에 감동이 있거나 깨닫게 된 것을 하나님의 음성으로 '해석'했다. 음성을 들었다는 이들은 미처 생각지 못했겠지만, 사실 그 해석을 음성과 동일시했다. 그러니 해석이 잘못되면 뜻도 잘못 분별하게 된다.

해석과 판단

성령이 아시아에서 말씀을 전하지 못하게 하시거늘 그들이 브루기아와 갈라디아 땅으로 다녀가 무시아 앞에 이르러 비두니아로 가고자 애쓰되 예수의 영이 허락하지 아니하시는지라 _ 행

16:6-7

성령은 바울에게 아시아에서 말씀을 전하지 못하게 했다. 어쩌면 우리는 성경에 기록된 말씀을 읽고 있기에, 성령이 아시아에서 복음 전하는 바울을 막았다고 단순하게 생각할지도 모른다. 그러나 당시 그들에게 하나님의 뜻을 분별하고 확신하는 것은 쉬운 일이 아니었다. 아시아에서 어떤 연유로 복음을 전할 수 없게 된 바울은, 성령께서 말씀을 전하지 못하도록 막으셨다고 '해석'하고 '판단'해야 했다. 물론 꿈, 환상, 기도 중에 받은 마음의 강한 확신이나 부담, 혹은 말씀을 통한 마음의 감동이 있었을지도 모른다. 바울이 어떤 경로로 하나님의 음성을 들었는지 나는 모른다. 그러나 분명한 것은, 바울은 아시아에서 말씀을 전할 수 없는 상황이 발생한 것을, 성령께서 복음 전하는 것을 막으신 것으로 '해석'했다는 것이다.

바울과 누가는 무시아 앞에 이르러 비두니아로 가고자 애쓴다(행 16:7). 그러나 예수님의 영이 허락하지 않았다고 한다. 여기서 주의할 게 있다. "예수의 영이 허락하지 아니하시는지라"라는 말씀을 읽으며, 당신 머릿속에 무슨 생각이 떠올랐는가? 혹시 예수의 영이라고 생각되는 어떤 물체가 그들 앞을 가로막는 그림이 떠오르는가? 아니면 눈에 보이는 그 어떤 힘이나 세력이 길을 가로막았다고 생각하는가? 아니다. 그들은 비두니아로 가려고 했지만, 환경이나 상황이 여의치 않아 갈 수 없었을 것이다. 쉽게 갈 수 있는 곳이었다. 그러나 도무지 이해할 수 없는 사정으로 갈 수가 없었다. 이것을 바울과 누가는 예수의 영이 허락하지 않으신 것으로 '해석'한 것이다.

물론 정경에 포함된 바울서신의 저자요 예수님이 직접 사도로 부르신 바울의 해석과 오늘날 우리의 해석은 그 분별의 정확도에 차이가 있을 수 있다. 성령께서 아시아에서 복음 전하는 것을 막으시고, 비두니아로 가는 것을 막으셨다는 그들의 판단과 해석에는 오류가 있을 수 없다. 내가 지적하고 싶은 것은, 바울은 귀에 들리는 음성이 아닌 당시 정황으로 하나님의 뜻을 분별하고 해석하고 판단했다는 사실이다. 물론 모든 경우에 귀로 들리는 음성을 듣지 않았다는 의미는 아니다. 다메섹 도상에서 바울은 실제 부활하신 예수님의 음성을 들었다. 다만 그들이 하나님의 음성을 듣는 일반적인 형태를 말하는 것이다.

하나님의 뜻은 '해석'으로, 다른 말로는 '깨달음'으로 분별한다. 따라서 우리 삶의 보이지 않는 곳곳에서 도우시는 하나님의 일하심을 깨달을수록 누리는 은혜는 커진다.

무시아를 지나 드로아로 내려갔는데 밤에 환상이 바울에게 보이니 마게도냐 사람 하나가 서서 그에게 청하여 이르되 마게도냐로 건너와서 우리를 도우라 하거늘 바울이 그 환상을 보았을 때 우리가 곧 마게도냐로 떠나기를 힘쓰니 이는 하나님이 저 사람들에게 복음을 전하라고 우리를 부르신 줄로 인정함이러라 _ 행 16:8-10

아시아와 비두니아의 전도가 막힌 바울과 누가는 마침내 무시아를 지나 드로아로 내려간다. 그날 밤 바울은 환상을 본다. 마케도니아 사람 하나가 바울에게 마케도니아로 건너와 자기들을 도우라는 환상이었다. 환상을 본 후 바울과 누가는 마케도니아로 떠나려고 힘쓴다. 성경은 그 이유를, 마케도니아 사람들을 도우라는 하나님의 뜻으로 '인정'했기 때문이라고 밝힌다.

이때 중요한 단어가 나온다. '인정하다'의 헬라어 원어는 '쉼비바조'다. 이것은 원래 '결합시키다'는 뜻이다. 다른 곳에서는 '증명하다'(행 9:22)로, 여기서는 '결론내리다'(행 16:10)라는 의미로 사용되었다. 다수의 영어성경 번역본에서는 'conclude'(결론내리다/ NASB, NIV, NLT)로 번역했고, 또 다른 성경은 'gather'(헤아리다, 추측하다/ KJV)로 번역했다.

바울과 누가는 환상을 본 후, 하나님이 아시아도 아니요 비두니아도 아닌 마케도니아에서 복음 전하기를 원하시는 것으로 해석해 '결론'을 내렸다. 해석하고 깨달은 것을 하나님의 뜻으로 결론 내린 것이지, 귀에 들리는 음성으로 알게 된 것이 아니다. 우리는 귀에 들리는 명확한 하나님의 음성을 원하나, 사실 실제로 들으면 환청을 들은 것으로 착각할지도 모른다. 바울이 본 환상을 똑같이 본다면, 헛것을 보았다고 생각할지도 모른다. 그러니 음성이나 환상 등이 올바른 대안은 아니다. 바울이 하나님의 뜻으로 결론 내릴 수 있었던 그 판단력과 영적 분별력이 필요하다.

깨달을수록 누리는 은혜가 크다

하나님의 뜻은 여러 상황을 통해 해석한다. 말씀을 보거나 기도하던 중 마음의 감동으로 알려주시기도 하고, 꿈이나 환상을 통해 보여주시기도 한다. 그러나 상황이나 환경을 통해 해석하고 깨달아야 하는 경우가 훨씬 많다. 해석하고 결론을 내리는 것은 하나님이 우리의 몫으로 남겨두신 영역이다.

> 존귀하나 깨닫지 못하는 사람은 멸망하는 짐승 같도다 _ 시 49:20

소름 돋는 말씀이다. 깨닫지 못하면 짐승이다. 그냥 짐승이 아니고 멸망하는 짐승이란다. 날마다 부어지는 하나님의 은혜, 그리고 지금 이 순간에도 부어지고 있는 하나님의 은혜를 깨닫지 못하는 자는 멸망하는 짐승이다. 미안하다. 내 말이 아닌 성경의 표현이다.

성령으로 충만하고 영적으로 분별력 있는 사람은 올바른 해석으로 하나님의 일하심을 발견한다. 그러나 영적으로 민감하지 못한 사람은 하나님의 일하심을 놓친다. 바울과 누가가 하나님의 뜻을 깨닫지 못했다면 하나님을 원망했을 것이다. 다른 것도 아니고 복음을 전하려고 하는데, 아시아와 비두니아의 전도가 막히니 충분히 원망할 법도 하다. 그러나 깨달았다. 그리고 마케도니아에서 복음 전하는 은혜를 누리게 된다.

깨달을수록 누리는 은혜가 크다. 깨닫지 못할수록 누리는 은혜는 줄어든다. 누리는 은혜다. 앞으로 부어질 은혜가 아니다. 부어지는 은혜도 많겠지만, 이미 부어진 은혜를 깨달을 때 그 은혜는 바로 '누리는 은혜'가 된다. 이미 부어진 은혜였으나, 깨닫지 못했기에 누리지 못한 은혜가 되었다.

삶에 감사가 있는 사람과 원망이 가득한 사람의 차이는 여기서 비롯된다. 똑같은 은혜가 부어졌으나 깨닫고 감사하는 이가 있는가 하면, 깨닫지 못하고 불평하는 사람이 있다. 우리에게 필요한 것이 무엇인가? "하나님, 제게 올바른 판단력과 영적 분별력을 주소서!"

06
나 같은 사람도 쓰실까?

하나님의 부르심을 받는 조건

많은 그리스도인이 자신의 영적 상태를 최상의 상태로 만들려고 한다. 상태가 좋아야 기도 응답도 받을 수 있다고 생각한다. 예배와 기도의 자리를 지키고, 성경을 통독하고, 말씀을 묵상하고 암송하며, 봉사를 쉬지 않는다. 어쩌면 언제 부르실지 모르는 주님의 부르심 앞에 떳떳하려고 그러는지도 모른다. 내 상태가 좋아야 하나님께 복을 더 받을 수 있고, 기도 응답도 받을 수 있기에 명백한 조건을 만들어야 한다고 생각하는지도 모른다. 하나님과의 참된 교제는 빠진 채 겉으로 보이는 신앙의 모습을 최상으로 꾸미려는 사람은, 부르심의 중요 조건을 자신의 영적 상태라고 생각하는 교만한 자다.

하나님의 부르심에 내 상태가 중요한 건 아니다. 나를 부르시는 이가 누구인지가 훨씬 중요하다. 이 말을, 내 영적 상태를 형편없는 지경으로 두어도 된다는 말로 오해하지 마시라. 끊임없이 자기를 점검하면서, 넘어지면 일어서야 한다. 하나님의 부르심은, 내 상태와 상관없이 일하시는 그분의 전능하심에 있다.

큰 용사 아닌 큰 용사, 기드온

이스라엘 자손이 또 여호와의 목전에 악을 행하였으므로 여호와께서 칠 년 동안 그들을 미디안의 손에 넘겨 주시니 미디안의 손이 이스라엘을 이긴지라 이스라엘 자손이 미디안으로 말미암아 산에서 웅덩이와 굴과 산성을 자기들을 위하여 만들었으며 이스라엘이 파종한 때면 미디안과 아말렉과 동방 사람들이 치러 올라와서 진을 치고 가사에 이르도록 토지 소산을 멸하여 이스라엘 가운데에 먹을 것을 남겨 두지 아니하며 양이나 소나 나귀도 남기지 아니하니 이는 그들이 그들의 짐승과 장막을 가지고 올라와 메뚜기 떼같이 많이 들어오니 그 사람과 낙타가 무수함이라 그들이 그 땅에 들어와 멸하려 하니 이스라엘이 미디안으

로 말미암아 궁핍함이 심한지라 이에 이스라엘 자손이 여호와께 부르짖었더라 _ 삿 6:1-6

사사 기드온이 활동할 당시는, 이스라엘이 미디안과의 전쟁에서 크게 패한 후 7년 동안 그들의 눈을 피해 도망 다니던 시기였다. 이스라엘 자손은 미디안 사람들의 눈을 피해 산속에 웅덩이와 굴과 산성을 만들었다. 매우 위험하고 열악한 상황이었다. 심지어 이스라엘이 파종할 때면, 미디안과 아말렉과 동방 사람들이 처러 와서는 진을 치고 가사에 이르도록 토지 소산을 멸하였다. 그들은 이스라엘 백성에게 생계 수단이 될 만한 것은 하나도 남기지 않았다.

여호와의 사자가 아비에셀 사람 요아스에게 속한 오브라에 이르러 상수리나무 아래에 앉으니라 마침 요아스의 아들 기드온이 미디안 사람에게 알리지 아니하려 하여 밀을 포도주 틀에서 타작하더니 여호와의 사자가 기드온에게 나타나 이르되 큰 용사여 여호와께서 너와 함께 계시도다 하매 _ 삿 6:11-12

기드온은 밀을 포도주 틀에서 타작한다. 고대 근동에서는 대부분 땅에 큰 구덩이를 파서 포도주 틀을 만들었다. 타작하기에는 넓은 마당이 적합하다. 그러나 기드온은 구덩이에서 타작하고 있다. 왜 그랬을까? 미디안 사람에게 들키지 않기 위해서였다. 비참한 인생이다. 스스로 별수 없는 사람이라고 생각했을 법도 하다. 그때 여호와의 사자가 나타난다. "큰 용사여 여호와께서 너와 함께 계시도다." 그냥 용사도 아니고 큰 용사란다. 참새가 찍찍거리는 소리에도 미디안 군사일까 봐 조마조마하던 그였다. 그런데 큰 용사라니, 개그 프로로 만든다면 대박 날지도 모르는 장면이다.

> 기드온이 그에게 대답하되 오 나의 주여 여호와께서 우리와 함께 계시면 어찌하여 이 모든 일이 우리에게 일어났나이까 또 우리 조상들이 일찍이 우리에게 이르기를 여호와께서 우리를 애굽에서 올라오게 하신 것이 아니냐 한 그 모든 이적이 어디 있나이까 이제 여호와께서 우리를 버리사 미디안의 손에 우리를 넘겨 주셨나이다 하니 여호와께서 그를 향하여 이르시되 너는 가서 이 너의 힘으로 이스라엘을 미디안의 손에서 구원하라 내가 너를 보낸 것이 아니냐 하시니라 그러나 기드온이 그에게 대답하되 오 주여 내가 무엇으로 이스라엘을 구원하리이까 보소서 나의 집은 므낫세 중에 극히 약하고 나는 내 아버지 집에서 가장 작은 자니이다 하니 여호와께서 그에게 이르시되 내가 반드시 너와 함께 하리니 네가 미디안 사람 치기를 한 사람을 치듯 하리

라 하시니라 _삿 6:13-16

기드온은 이스라엘 백성이 겪는 고난의 이유를 우상숭배라는 죄에서 찾지 않는다. 하나님이 함께하지 않았다는 이유로 책임을 전가한다. 여호와께서는 기드온에게 있는 힘을 가지고 이스라엘을 구원하라고 명하신다. 그러나 기드온은 자신을 잘 알았다. 사람들 앞에 나서서 '나를 따르라'고 당당하게 외칠 수 있는 인물이 아니라는 것을. "주님, 제가 무엇으로 이스라엘을 구원합니까? 저의 집은 므낫세 중에 극히 약하고, 저는 집에서도 가장 어린 사람입니다."

그의 이 고백은 진심이다. 큰 용사, 이것은 기드온 자신을 향한 내면의 고백이 아니다. 전능하신 하나님의 말씀이다. 그러나 기드온은 하나님의 말씀을 거부한다. 자신은 절대 그런 사람이라고 생각하지 않기 때문이다. 무엇이 그런 생각을 하게 했을까? 자신의 상태다. 자신의 현재 처지를 보니 죽었다 깨어나도 부르심에 응답할 수 없는 상태다. 상태가 좋을 때는, "하나님의 자녀여 크게 찬송부르며 밝고 거룩한 길로 기쁨으로 나아가…"라는 찬송가 40장의 후렴이 자신의 고백이 된다. 그러나 상태가 나쁘면, "나의 집은 므낫세 중에 극히 약하고 나는 내 아버지 집에서 가장 작은 자니이다"라고 고백한다.

부끄럽지만 나 역시 전능하신 하나님의 부르심 앞에 감히 내 상태 따위를 생각할 때가 많다. 내 환경이나 배경이나 능력을 생각하곤 한다. 교만이다. 나 자신을 바라보면 용기가 아닌 한숨이 나온다. 그러나 나를 부르시고 함께하시는 하나님을 바라보면 절망이 아닌 희망이 생긴다.

많은 이가 스스로 상태가 좋지 못하다고 생각할 때 하나님이 부르시면 거절할 것이다. 지난밤에 반복적인 죄를 지었다면, 오늘 부르시는 하나님의 음성에 당당하게 '네'라고 대답하기는 어려울 것이다. 그러나 상태가 좋을 때 부르신다면 어떨까? 당연한 정도는 아닐지라도 충분히 부르실 만하다고 생각하리라. 최근 기도도 많이 하고 봉사도 열심히 했더니 하나님이 나를 부르신다고 생각할지도 모른다.

교구를 담당했을 때, 한 집사님의 사업장을 심방하면서 민망한 간증을 들었다. 당시 내가 부목사로 섬겼던 교회는 담임목사와 성도 간의 갈등으로 어려움을 겪었다. 그 집사님은 이렇게 어려울 때 어느 목사님을 모시고 사업장 심방예배를 드려야 할지 고민하며 기도하던 중, 마음속으로 '김혁'이라는 선명한 하나님의 음성을 들었다고 한다. 노파심에 말하지만 내 이름이 '김혁'이다. 그 집사님의 입에서 내 이름을 듣는 순간, 나는 피식 웃고 말았다. 그 집사님의 경험을 신뢰하지 못해서가 아니다. 그 집사님은 누구보다 열심히 기도하고, 수많은 신앙체험과 기도 응답을 경험한 분이다. 그러니 내 웃음은 그 집사님을 향한 것이 아닌, 바로 하나님을 향한 것이었다. '하나님 저를요? 저 아시잖아요. 얼마나 무능력하고 더럽고 추악한 인간인지를요.'

임신 약속을 장막 문 뒤에서 엿들으며 웃은 사라의 기분이, 당시 내가 느낀 기분이었으리라. 여호와께서 말씀하셨다 해도, 여성의 생리가 끊어진 사라에게 임신이란 말은 충분히 웃음을 유발했을 법하다. 사라는 자신의 처지를 보았다. 나 역시 당시에는 내 상태를 보았다. 그러면서 나 자신의 나약함과 무능함에 대한 좌절감, 그러나 여전히 내 이름을 불러주시며 포기하지 않으시는 하나님의 믿음과 사랑, 이 둘의 감정이 서로 교차하면서 말로 설명할 수 없는 감정이 밀려오기 시작했다.

이후 하나님은 내 상태가 중요한 게 아닌 '나'를 부르셨고, 나를 부르시는 하나님이 어떤 분인지 깨닫게 하셨다. 내 상태와 상관없이 하나님이 나를 부르실 때는 당당하게, 아니 뻔뻔할 정도로 응답해야겠다고 생각했다. 하나님이 나를 부르셨으니까, 그분이 그냥 나를 부르시니까, 내 모습은 보잘것없으나 그냥 '아멘' 하고 가고 싶었다.

나를 돌아보지 아니하고

우리는 하나님을 우리 인생의 주인으로 알고 있다. 그러나 여전히 자신의 형편과 상황을 좋게 만들어줄 사람을 찾는다. 주께서 우리 삶을 이끌어가신다고 믿으나, 주의 말씀이 내 상황과 처지를 초월할 정도로 영향력 있는 말씀이 되지는 못한다.

큰 용사의 자질이 전혀 없어 보이는 기드온을 부르신 하나님의 목적은 분명하다. 그건 기드온이 아닌 하나님이 하셨음을 나와 당신이 깨닫게 하기 위함이다. 기드온은 큰 용사가 아니다. 어쩌면 미디안 군사들의 눈을 피해 밀 타작이나 하는 소인배에 불과할지도 모른다. 그러나 하나님이 그를 '큰 용사'라고 부르신다. 기드온이 큰 용사이기에 그렇게 부르신 게 아니다. 부르시는 분이 하나님이기에 큰 용사가 되는 것이다.

당신은 큰 용사가 아닐 수 있다. 당신은 모르겠으나 나 자신은 큰 용사가 아니라는 걸 스스로 알고 있다. 그러나 하나님이 나를 부르시고 당신을 부르시면 큰 용사가 된다. 내 상태가 큰 용사여서가 아니다. 나를 부르신 분이 전능하신 하나님이기 때문이다. 내 상태가 어떠해서 은혜받지 못한다고 생각한다면, 하나님의 은혜가 죄인에게 임한다는 사실을 놓친 것이다. 하나님의 은혜가 영적으로 최상에 있는 자에게만 임한다면, 내 힘으로 그 상태를 유지하려고 애쓸 것이다. 당신의 상태를 돌아보지 마시라. 그분께서 당신을 부르셨다는 그 하나만으로도, 당신의 그 어떤 연약함을 상쇄하고도 남을 이유가 된다. 내가 아닌 하나님이 일하심을 기억하시라. "큰 용사여!"라고 부르시는 하나님의 음성에 "아멘!" 하고 응답하며 나아가시라.

Epilogue
에필로그

> 우리가 알거니와 하나님을 사랑하는 자 곧 그의 뜻대로 부르심을 입은 자들에게는 모든 것이 합력하여 선을 이루느니라 _롬 8:28

하나님은 모든 것을 선용(善用)하신다. 요셉이 형들의 시기로 죽을 뻔한 위기를 모면하고 미디안 상인에게 팔리지만, 하나님은 이 상황을 선용하신다. 그 결과 요셉은 애굽의 총리가 되어 온 세상을 기근에서 구한다. 하나님이 요셉을 미워하도록 형들의 마음을 조정하신 게 아니다. 미디안 상인에게 팔도록 마음을 움직이신 것도 아니다. 그들이 요셉을 싫어했고, 미디안 상인에게 팔아넘겼다. 그러나 하나님은 이 상황을 선용하여 반전시키셨다.

다윗이 우리아의 아내 밧세바와 강제로 동침한다. 여호와께서 이 일로 밧세바와 다윗 사이에서 난 아이를 치셔서 아이가 심히 앓게 된다. 그리고 끝내 죽는다. 다윗은 자신의 죄를 철저히 회개한다. 그리고 하나님은 이 상황을 선용하신다. 이후 다윗과 밧세바 사이에서 솔로몬이 태어난다. 이것만으로 선용하셨다고 보기는 어려우리라. 이건 어떤가. 솔로몬의 계보를 이어 마리아와 요셉에게서 그리스도라 칭하는 예수가 탄생한다(마 1:16).

베들레헴 출신 엘리멜렉은 흉년이 들자 아내 나오미와 두 아들 말론, 기룐을 데리고 모압으로 간다. 거기서 엘레멜렉은 죽고, 두 아들은 모압 여인 룻과 오르바를 각각 아내로 맞이한다(룻 4:10). 나오미의 인생도 참 기구하다. 두 아들마저 낯선 모압 땅에서 세상을 떠나고, 나오미와 두 며느리만 남게 되니 말이다. 룻은 나오미의 하나님을 자기의 하나님으로 고백한다. 그리고 하나님은 이 상황을 선용하신다.

어머니 나오미와 함께 베들레헴에 돌아온 모압 여인 룻은 보아스를 만나 결혼한다. '이방 여인' 룻은 오벳을 낳는다. 오벳이 누구냐고? 이새의 아버지다. 이새는 '다윗'의 아버지다(룻 4:17). 이것만으로도 선용하시는 하나님의 일하심이 충분히 설명되었으리라.

2020년 5월, 뜻이 있어 전임으로 사역하던 교회를 사임했다. 그러나 놀고 있지만은 않다. 코로나19 덕(?)에 초등학교 2학년 아들을 집에서 온종일 돌보고 있으니, 나름 '육아대디'다. 사임 후 생각지도 않은 넉넉한 시간이 주어져서 글을 쓰고 있으니 나름 '작가'다. 사실 목사로 있으면서 가장 호사로운 시간을 누리고 있기도 하다. 주일마다 사역을 하니 나름 '목사'다. 그러고 보니 스펙이 화려하다. 일명 '육아대디 작가 목사'다.

하나님이 일부러 나를 교회에서 나오게 하신 건 아니다. 내가 결정해서 나왔다. 하나님이 육아에 전념하라고 코로나19 바이러스를 퍼뜨리신 게 아니다. 그건 인재(人災)다. 그러나 하나님은 나를 긍휼히 여기시어 이 상황을 선용하셨다. 그래서 사역하고 있을 때는 감히 엄두조차 내지 못하던 글을 쓰게 하셨다. 대한민국의 극소수 아빠만이 누릴 수 있는, 초등 2학년 아들과의 매일 24시간을 허락하셨다.

늘 내 마음 한켠에는 기성 교회를 향한 안타까움이 있었다. 그렇다고 무작정 교회를 떠난 것은 아니다. 아내가 대학원 졸업을 한 학기 앞둔 시점에, 학업을 병행하며 잠깐씩 일하던 곳에서 함께 일하자는 제안을 받게 되었다. 아내의 정기적인 수입은 자립할 수 있는 여건을 만들어주었다. 이것 역시 하나님의 선용하심이다.

교회를 떠나서 생각해 보니 교회가 꽤 안전한 울타리였다. 그러면서 인간은 혼자 살 수 없다는 것을 새삼 느낀다. 교회를 나오며 우리 가정은 철저히 홀로 서야 했다. 집을 구하는 과정은 하루가 다르게 내 마음을 메마르게 했다. 막상 집은 구했으나, 난생처음 살게 된 동네에서 느끼는 낯선 공기와 주민들의 표정은 두렵기까지 했다. 교회 주변에는 아는 이들로 가득했으나, 어색한 동네에서 아는 사람이라고는 부동산 사장님뿐이었다. 어느 곳에도 속하지 않은 듯한 기분은 때로 우울하기까지 했다. 이렇게 새로운 곳에서 적응하려고 몸부림쳤다.

삶의 현장은 꽤 치열하다. 다세대주택의 주차 문제는 내게 또 다른 근심거리다. 수시로 걸려오는 차 빼달라는 전화는 그 어느 것에도 집중하지 못하게 만들었다. 남의 연락을 받을 필요 없는 구석 자리는 여기서 최고 명당이다. 비록 명당이나, 내가 필요할 때 차를 빼는 건 낙타가 바늘귀로 들어가는 것보다 어렵다. 그러나 차 빼달라는 연락으로 마주친 이들은, 이곳에서 대화를 주고받은 내 첫 이웃이 되었다. 분리수거가 되지 않은 채 쏟아져나오는 쓰레기를 보며 스트레스 받는 나 자신을 보니 이게 참 재미있다. 그렇다. 교회에서 제공하는 사택의 울타리에 갇혀 있던 나는, 사실 성도의 삶과 애환을 잘 몰랐다. 그러면서 설교했으니 민망함에 얼굴이 뜨거워진다.

'육아대디 작가 목사'로 살면서, 목사 같지 않은 나 자신을 본다. 하나님나라를 향한 원대한 소망은 어디로 갔는가. 그러나 감사하다. 이것이 현실에서 부대끼며 살아가는 사람들의 소소한 모습인 듯싶다. 나도 그 대열에 합류했으니, 이 어찌 감사할 일이 아니겠는가. 어쩌면 나는 크고 거창한 것에만 집중했는지도 모른다. 그러면서 다시 한번 내 설교를 점검하게 된다.

하나님은 나를 긍휼히 여기시어 이 모든 상황을 선용하셨다. 이제 날 향한 하나님의 긍휼하심이, 답을 찾지 못해 전전긍긍하는 이들에게까지 이어지기를 바란다. 비록 냉수 한 그릇이지만, 목마른 이에게 이보다 값진 것은 없으리라. 나는 이것을 여전히 믿고 있다.

부록 _ 기독교 용어 바로 쓰기

무모한 시도

내가 쓰는 용어가 바르지 않다고 하여 나를 향한 하나님의 관심이 줄어드는 건 아니다. 기도할 때 써야 할 적절한 용어를 빠뜨렸다고 기도 응답을 받지 못하는 것도 아니다. 그러나 말과 글은 무의식적으로 우리의 생각을 지배하고, 나만의 신학을 형성하게 한다. 별거 아닐 것 같은 조사 하나에도 하나님을 인식하는 우리의 사고체계가 바뀔 수 있다. 따라서 용어의 사용은 옳고 그름의 문제가 아닌, 최선이냐 차선(혹은 좋으냐 나쁘냐)이냐의 관점에서 접근하는 것이 좋다.

예를 들면, 기도를 마칠 때 '기도했(드렸)습니다'라는 과거형으로 끝내는 이들이 있는가 하면, '기도합(드립)니다'라며 현재형으로 마치는 이들이 있다. 무엇이 옳고 그르다고 할 수 없다. 다만 기도는 하나님께 드린 것으로, 끝나버린 과거형이 아닌 하나님의 응답을 기다리는 과정 중에 있기에 미래지향적이다. 그렇다면 '기도합니다'라는 현재형으로 마치는 것이 좋다. 다른 이유에서 현재형이 좋은 것은 '기도드렸사옵나이다'보다는 '기도드립니다'가 짧고 좋지 않은가. 전자는 '아멘' 하기도 전에 잊을까 염려된다. 물론 원칙은 아니다. 그러나 과거형이냐 현재형이냐는 기도 응답을 기대하고 기다리는 내 무의식에 영향을 미치기 마련이다.

사실 고쳐야 할 기독교 용어가 무엇인지 나열하는 것은 무모한 시도다. 너무 많기 때문이다. 남들이 늘 사용했기에 나 역시 따라 하는 잘못된 용어가 셀 수 없을 정도니, 무모한 시도라는 말이 틀린 지적은 아닐 것이다. 한 가지 다행인 건, 모든 용어를 수정할 필요는 없다는 사실이다. 언어라는 것은 오랜 세대를 거쳐 사용된 것이기에, 갑자기 변경할 경우 혼란이 가중될 수도 있다. 기독교 진리를 훼손하거나, 용어의 본뜻과 실제 사용하는 의미가 다른 경우, 그리고 해당 용어의 사용으로 신학적 사고에 큰 영향을 미치는 경우가 아니라면, 익숙한 용어를 무리하게 바꾸려는 시도는 불필요하다고 본다.

이러한 대표적 용어의 예는 '중보기도'다. 나는 장로회신학대학교 일반대학원에서 신약학을 전공하며, "신약성서에 나오는 이웃을 위한 기도의 다양한 형태와 이의 용례에 관한 연구"로 신학석사(Th. M) 학위를 받았다. 내 주장의 요점은, '중보'라는 용어는 오직 '중보자'이신 예수 그리스도에게만 해당하므로, 우리의 기도는 '중보기도'가 될 수 없다는 것이다. 그래서 우리의 기도를 '중보기도'라고 쓰는 것은 바람직하지 않기에, '이웃을 위한 기도'나 '중보적 기도'라는 용어를 써야 한다고 역설했다. 이 주장에는 지금도 변함없다. 그러나 성도들이 '중보기도'라는 용어를 사용할 때마다 일일이 지적하지 않는다. '이웃을 위한 기도'가 적절하나, 그들이 이 '중보기도'라는 용어를 어떤 의미로 사용하는지 알기 때문이다. 자신을 중보자로 인식하는 게 아닌, 그저 남을 위해 기도해 주는 것을 '중보기도'라는 의미로 사용한다. 그런데도 자신을 '중보자'라는 의미로 생각하며 기도하는 이가 있을까 봐, 기회가 생길 때마다 노파심에 바른 용어에 관해 설명한다.

그러나 문제의 소지가 있기에 수정하면 좋은 용어도 있다. 모두 나열할 수는 없다. 관심 있는 분이라면, 각 교단의 총회에서 고쳐야 할 기독교 용어에 관해 연구한 자료가 있으니 찾아보면 도움이 될 것이다.

고쳐야 할 기독교 용어

먼저, '축복'이라는 용어를 살펴보겠다. '축복'이라는 단어는, 빌

'축'(祝)에 복 '복'(福)자를 사용한다. 말 그대로 복을 빈다는 의미다. 누구에게 복을 비는가? 당연히 전능자요 우리의 창조주이신 하나님께다. 따라서 내가 누군가를 축복한다고 할 때는, 하나님께 그의 복을 빈다는 의미가 된다. 문제 될 게 전혀 없다. 그러나 이런 경우라면 다르다. "하나님, 김 집사를 축복해 주시옵소서!" 이 경우 하나님보다 더 높은 전능자에게 하나님이 김 집사의 복을 빌어달라는 의미가 된다. 유일하신 하나님의 속성을 훼손한 말이다. 하나님보다 더 높은 존재는 없다. 그러니 이렇게 기도해야 한다. "하나님, 김 집사에게 복을 주옵소서." 마찬가지로 '하나님의 축복'이라는 표현 대신 '하나님의 복'이라는 말이 적절하다.

이것은 성경에서도 철저하게 구분해 사용한다. 성경에서 '축복'이라는 단어를 포함한 구절은 모두 93절인데, 어느 구절도 용어를 잘못 사용한 예가 없다. 의심스러우면 직접 찾아보시라. 그중 하나만 보면 아래와 같다.

> 너를 축복하는 자에게는 내가 복을 내리고 너를 저주하는 자에게는 내가 저주하리니 땅의 모든 족속이 너로 말미암아 복을 얻을 것이라 하신지라 _ 창 12:3

하나님은 아브라함에게, 너(아브라함)를 축복하는 자에게는 내

(하나님)가 복을 내린다고 말씀하신다. 이것은 바른 표현이다. 아브라함을 위해 누군가가 하나님에게 축복, 즉 복을 빌 수 있다. 그러나 하나님은 복의 근원이므로 아브라함을 축복하실 필요 없이 직접 복을 내리신다.

둘째, '대예배'라는 표현이다. 언제부터 사용했는지 알 수 없는 이 용어는, 일반적으로 주일 오전 예배, 특히 오전 11시 예배의 고유명사가 되었다. 이 시간에 가장 많은 성도가 모여서 예배드리기에, '대'(大)라는 접두어를 붙였으리라. 그러나 앞서 언급했듯이, 이 용어의 사용이 성도들의 신학적 사고에 영향을 미치므로 반드시 고쳐야 한다.

'대예배'라는 용어는, 주일 오전 예배를 제외한 다른 예배를 '소'(小)예배로 인식해 상대적으로 덜 중요한 예배로 생각하게 만든다. 그들에게 주일성수란 '대예배'에 참석하는 것을 말한다. 이런 이유로 그들은 사정상 오전에 참석할 수 없어 새벽예배나 오후 예배에 참석하는 이들의 신앙을 폄하한다. 심지어 주일에 가게 문을 여는 성도를 비난하거나, 주일에 출근해야 하는 자녀에게 신앙이라는 이름으로 퇴사를 강요한다.

하나님께 드리는 예배에 크고 작음이 있을 수 없다. 따라서 '주일 오전 예배'와 '주일 오후 예배'로 부르는 것이 바람직하다. 세부적으로 구분할 필요가 있다면, '주일 1부 예배'나 '주일 2부 예배' 등으로 부르는 것도 무방하다.

셋째, '준비찬송' 혹은 '예배 전 찬양'이라는 용어다. '준비'라는 말과 '예배 전'이라는 말에는, 이미 이것은 예배가 아니라는 의미가 내포되어 있다. 즉, 예배드리기 전에 자리를 정돈하고, 마음과 자세를 바로잡으며, 어수선한 분위기를 환기하려는 목적으로 찬양하자는 의미다. 그러나 예배란, 감사와 찬양을 올려드리는 것이다. 찬양은 그 자체로 하나님을 예배하는 것이다. 따라서 그냥 '찬양'이라는 용어만 사용하는 것이 바람직하다. "찬양으로 하나님 앞에 나아가겠습니다." 혹은 "찬양함으로 하나님께 예배드리겠습니다." 모두 괜찮은 표현이다.

넷째, '명복'(冥福)이라는 용어다. 명복은 죽은 뒤 저승에서 받는 복을 말한다. 그러므로 그리스도인은 장례식장에서 유족에게 '고인의 명복을 빕니다'라는 말을 사용해서는 안 된다. 이 용어는 불교의 전문용어로, 불교의 내세관에서 통용되는 말이기에 사용하지 말라고 한다. 그러나 이런 이유를 차치하더라도, 성경은 하나님의 심판대 앞에 선 자의 행방을 분명히 한다. 산 사람이 비는 복으로 죽은 자의 운명이 바뀌지 않는다는 말이다. 또 천국은 그 자체로 복이니 더 받을 복이 무엇이겠으며, 지옥은 정해진 판결이니 하나님의 결정을 뒤바꿀 수 있는 복이 무엇이겠는가? 그러니 그리스도인은 '하나님의 위로를 빕니다' 정도의 표현으로 유족에게 인사하는 것이 적합하다. 이것조차도 힘들다면, 차라리 말없이 상대의 슬픔을 공감해 주고 아파해 주는 것으로도 충분하다.

다섯째, '초대교회'라는 용어다. 이 용어를 문제 삼는 이는 보지 못했다. 그러나 생각해 보면 문제가 많은 용어임을 알 수 있다. 천주교와 개신교를 구분하는 기준이 되기 때문이다.

> 또 내가 네게 이르노니 너는 베드로라 내가 이 반석 위에 내 교회를 세우리니 음부의 권세가 이기지 못하리라 _마 16:18

예수님이 빌립보 가이사랴 지방에서 제자들에게 자신이 누구인지를 물으신다. 이때 베드로가 예수님을 그리스도요 살아계신 하나님의 아들로 고백한다. 이 고백 후 예수님이 시몬(베드로)에게 '베드로'(헬라어 '페트로스'로, '돌' 또는 '반석에서 떨어진 돌덩이'라는 뜻. 아람어 '게바'에 해당)라는 이름을 주신다. 문제는 이 '반석'이 무엇이냐는 것이다. 가톨릭에서는 이 반석을 '베드로'로 해석했다. 그래서 베드로를 교회의 기초로 여겨 초대 교황으로 추대했고, 이후 2대, 3대로 이어지며 현재 제266대 교황인 프란치스코까지 오게 되었다.

그러나 개신교의 해석은 다르다. 반석을 베드로가 아닌, 베드로의 신앙고백을 하는 이들로 본다. 즉, 예수님을 그리스도로 고백한 베드로 같은 신앙고백을 하는 이들의 기초 위에 교회를 세운다는 의미로 받아들인다. 그렇다면 개신교에서는 '초대교회'라는 용어가 부적절하다. 따라서 '초기교회'로 수정하는 것이 바람직하다.

그 외에 고치면 좋은 용어

대한예수교장로회 통합 측 총회의 기독교용어연구위원회는 제86회 총회에 교계에서 사용되고 있는 잘못된 용어에 대한 개정을 상정했다. 기도, 예배, 장례, 회의, 교회생활 등 총 5개 부문으로 나누어 연구했는데, 그중 몇 가지를 소개한다.

먼저, 기도와 관련된 용어다. '당신'은 3인칭 극존대어이므로 '하나님' '하나님 아버지'로 사용한다. '주여' '하나님 아버지시여'는 현대 국어에서 2인칭 존칭 명사에 호격 조사가 붙지 못하므로, '주님' 혹은 '하나님 아버지' 등으로 쓰는 것이 바람직하다. '우리 성도님들'의 경우, 청자가 최상위자일 경우 존대를 쓸 수 없음을 고려해 단순히 '저희' 등으로 바꾸어야 한다. '대표기도'는 '기도 인도자'가 바르다. 기도 인도자는 기도의 대표자가 아닌 단지 기도를 인도하면서 함께 기도하는 사람일 뿐이다. 기도 서두에 '사랑의 예수님' 등으로 시작하는 표현은, 성부이신 하나님 아버지께

성자이신 예수 그리스도의 이름으로 아뢰는 것이기에, '사랑의 하나님'으로 표현하는 것이 바르다. '참 좋으신 하나님' 등으로 기도 서두에 하나님의 속성을 나타내는 수식어를 붙이는 경우가 많으나, 개인의 주관적인 경험이나 감정으로 하나님의 속성을 표현하는 것은 바람직하지 않으므로, 성경에 나오는 '거룩하신' '은혜로우신' '전능하신' 등으로 수정하는 것이 좋다.

둘째, 예배와 관련된 용어다. '사회자'는 회의나 의식을 진행하는 사람을 의미하므로, 예배를 주관하는 사람은 '인도자'라는 용어가 적합하다. '성가대'는 일본의 '세이카다이'가 그대로 들어오면서 성경에도 없는 용어가 만들어졌다. 따라서 '찬양대'가 바르다. '헌금'은 '봉헌'으로 바꾸는 것이 좋다. 단순히 돈을 바치는 행위로 지칭하는 것은 봉헌의 의미를 축소시킨다.

셋째, 장례와 관련된 용어다. '소천하셨다'는 하늘의 부름을 받았다는 의미이므로 능동형이 아닌 수동형으로 사용해야 한다. 따라서 '소천받았다' '별세하셨다' '하나님의 부르심을 받았다' 등의 표현이 좋다. '미망인'이라는 단어는 순장(殉葬) 제도에서 유래한 말로 부적절하기에, '고인의 부인' 혹은 '고인의 유족'으로 표현하는 것이 바람직하다. '영결식'은 영원히 이별한다는 뜻으로 부활 신앙과 어긋나기에 '장례예식' 등으로 바꿔 부르는 것이 좋다.

마지막으로, 교회생활과 관련된 용어다. '당회장'은 당회를 주관할 때는 가능한 호칭이나, 그 외의 시간이나 장소에서는 '목사'나 '담임목사'로 부르는 것이 마땅하다. 내 의견을 하나 덧붙이면, 부목사도 목사이니 '목사'로 호칭하는 것이 좋다. 담임목사는 '목사'로 부르면서, 부목사는 굳이 '부'자를 붙여서 '부목사'로 호칭하는 것은 성도의 의식에 담임목사만 목사라는 인식을 심어줄 수 있다. 물론 주보나 공문서의 기록을 위해 담임목사와 부목사를 구분하는 것은 가능하다.

87회 총회에 상정된 몇 가지 용어를 추가로 살펴보면, '천당'은 한글성경에 있는 그대로 '하나님나라' 혹은 '천국'으로 표현하는 것이 적절하다. '지금도 살아계신 하나님'은 마치 언젠가는 살아계시지 못할 수도 있다는 의미가 내포되어 있으므로 사용해서는 안 된다. '룻기서, 욥기서, 잠언서, 아가서'는 그 자체에 기(記), 언(言), 가(歌) 등이 있으므로 '서'(書) 자를 붙이면 과잉표현이 된다. 출애굽기를 '출애굽기서'로 부르는 것과 마찬가지다. '시편 몇 장 몇 절'의 '장'은 산문에서나 쓸 수 있는 표현으로 '시편 1편' 등으로 부르는 것이 바람직하다. '하나님의 몸 된 교회'는 성립할 수 없기에 '그리스도의 몸 된 교회'로 불러야 한다. '사랑하시는 성도 여러분'은 말하는 주체를 스스로 존대하는 말이기에 '사랑하는 성도 여러분'으로 표현해야 한다.

'주기도문을 외우겠습니다'라는 표현은 옳지 않다. 주기도문은 단순히 외우는 것이 아니라 한 마디 한 마디 새기면서 기도하는 것이다. 따라서 '주님 가르쳐주신 대로 기도하겠습니다' 혹은 '주님 가르쳐주신 기도를 드리겠습니다' 등으로 표현해야 한다. '사도신경을 외우겠습니다' 역시 '사도신경으로 신앙고백을 하겠습니다' 등으로 말해야 한다. '기도로 폐회합니다'는 '기도로 예배를 마칩니다' 등으로 말해야 한다. 폐회라는 용어가 예배가 아닌 회의를 말하기 때문이다. 마지막으로 '일요일'은 주의 날을 의미하는 '주일'로 부르는 것이 바람직하다.

"너는 진리의 말씀을 옳게 분별하며
부끄러울 것이 없는 일꾼으로 인정된 자로
자신을 하나님 앞에 드리기를 힘쓰라"

_딤후 2:15

냉수 한 그릇

초판 1쇄 발행 2021년 12월 2일

지은이　　　김혁

펴낸이　　　곽성종
기획편집　　방재경
디자인　　　투에스

펴낸곳　　　(주)아가페출판사
등록　　　　제21-754호(1995. 4. 12)
주소　　　　(06698) 서울시 서초구 효령로8길 5 (방배동)
전화　　　　584-4835(본사) 522-5148(편집부)
팩스　　　　586-3078(본사) 586-3088(편집부)
홈페이지　　www.iagape.co.kr
판권　　　　ⓒ 김혁 2021
ISBN　　　 978-89-537-9656-0 (03230)

저작권법에 의하여 한국 내에서 보호받는 저작물이므로
무단전재와 복제를 금합니다.

아가페 출판사